"智慧"财经素养活动学习指导教程

主　编　李　敏　赖三令
副主编　黄红波　韦任嫣　韦军英　刘蔓葶
　　　　杨爱华　崔文勇　李　霞
参　编　植苑妮　李　迪　唐锡悦　曾爱雯
　　　　吕　坚　莫凯程　罗应机　孔莹莹
　　　　蒋罗美　于　群
主　审　宋成多

北京理工大学出版社
BEIJING INSTITUTE OF TECHNOLOGY PRESS

内容简介

本书以探索性、实践性、趣味性为原则，有针对性地设计了以"智慧"为核心的"智慧消费""智慧理财""智慧识险""智慧规划""智慧服务"等五大财经素养研学主题。

本书旨在培养读者的财经素养，帮助读者更好地理解金融市场和和金融产品，从而做出更理智的财务决策。

版权专有 侵权必究

图书在版编目（CIP）数据

"智慧"财经素养活动学习指导教程/李敏，赖三令主编.--北京：北京理工大学出版社，2024.7.
ISBN 978-7-5763-4351-9

Ⅰ.G711

中国国家版本馆 CIP 数据核字第 202488C7H9 号

责任编辑： 申玉琴　　**文案编辑：** 申玉琴
责任校对： 王雅静　　**责任印制：** 施胜娟

出版发行 / 北京理工大学出版社有限责任公司
社　　址 / 北京市丰台区四合庄路6号
邮　　编 / 100070
电　　话 / (010) 68914026（教材售后服务热线）
　　　　　　(010) 68944437（课件资源服务热线）
网　　址 / http://www.bitpress.com.cn

版 印 次 / 2024年7月第1版第1次印刷
印　　刷 / 定州启航印刷有限公司
开　　本 / 889 mm×1194 mm　1/16
印　　张 / 10
字　　数 / 203千字
定　　价 / 69.00元

图书出现印装质量问题，请拨打售后服务热线，负责调换

前 言

　　财经素养是指人们运用在金融、经济、投资等领域的基本知识和技能，包括了解金融产品、金融市场、金融法规等方面的知识，以及掌握金融计算、投资决策、财务规划等技能。优秀的财经素养可以帮助我们更好地理解金融市场和金融产品，从而做出更理智的财务决策。

　　本书以探索性、实践性、趣味性为原则，有针对性地设计了以"智慧"为核心的"智慧消费""智慧理财""智慧识险""智慧规划""智慧服务"等五大财经素养研学主题。

　　本书由李敏、赖三令任主编，宋成多任主审，黄红波、韦任嫣、韦军英、刘蔓葶、杨爱华、崔文勇、李霞任副主编；参编人员有植苑妮、李迪、唐锡悦、曾爱雯、吕坚、莫凯程、罗应机、孔莹莹、蒋罗美、于群。具体分工如下：李敏负责全书统稿，赖三令、植苑妮、李霞负责编写模块一，韦任嫣、杨爱华、莫凯程负责编写模块二，李敏、李迪、于群、曾爱雯负责编写模块三，黄红波、刘蔓葶、唐锡悦、罗应机、孔莹莹负责编写模块四，韦军英、崔文勇、吕坚、蒋罗美负责编写模块五。

　　在本书编写过程中我们参考了许多财经素养教材，以及互联网上的相关资料，在此一并向作者表示感谢。

　　由于编者水平有限，书中难免存在疏漏和不足之处，我们期待使用本书的各位专家及广大读者不吝指正，以便我们对本书进行进一步修订和完善。

编　者

目录 CONTENTS

模块一　智慧消费 ... 1
学习情境一　常见的消费理念 ... 2
学习情境二　智慧购物的技巧 ... 7
学习情境三　消费者权益保护的知识 ... 14

模块二　智慧理财 ... 21
学习情境一　货币和财富 ... 22
学习情境二　理财基础知识 ... 28
学习情境三　家庭和个人财务规划 ... 35

模块三　智慧识险 ... 42
学习情境一　个人信息 ... 43
学习情境二　网络安全 ... 48
学习情境三　个人信用 ... 57
学习情境四　金融风险种类及规避方法 ... 66

模块四　智慧规划 ... 74
学习情境一　行业与职业 ... 75
学习情境二　职业与人生 ... 80
学习情境三　职业体验：直播销售员 ... 95
　　活动一　组建直播团队 ... 95
　　活动二　搭建直播场景 ... 100

活动三　选择直播商品……………………………………………105
　　活动四　设计直播活动……………………………………………110
　　活动五　实施直播活动……………………………………………115

模块五　智慧服务……………………………………………127

学习情境一　税收基础知识……………………………………………128
学习情境二　生活中的税收……………………………………………133
学习情境三　纳税人的权利和义务……………………………………143
学习情境四　税收优惠…………………………………………………149

参考文献………………………………………………………………154

模块一

智慧消费

数字化时代，创新的数智化消费场景满足了更加多样化和个性化的消费需求，这不仅改变了我们的消费方式和消费习惯，更促进了消费经济的转型升级。但是，我们也发现大数据背景下的数智化消费存在着很多陷阱。因此，我们应采取相应的措施，最大限度规避这些消费陷阱。

学习目标 →

【了解知识与事实】

- 了解青少年常见的消费理念；
- 总结选购商品的初步常识；
- 讲述消费与法律方面的知识；
- 了解消费者权益保护的方法与途径。

【获取方法与技能】

- 能够理智对待消费，正确判断消费中的不良行为；
- 能够运用智慧购物的技巧，制作购物清单；
- 能够分析某些营销活动中存在的诱导冲动消费的因素；
- 能够运用信息收集与分析的方法，辨别广告真伪；
- 能够运用法律手段维护自己的合法权益。

【形成观念与态度】

- 懂得取舍，不贪便宜，不因外在诱惑冲动消费或过度消费；
- 培养科学合理的消费观；
- 培养保护消费者权益的意识。

知识图谱

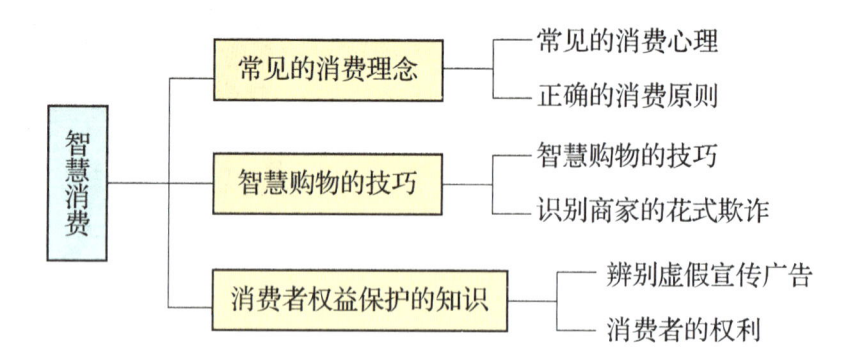

```
                    ┌── 常见的消费理念 ──┬── 常见的消费心理
                    │                    └── 正确的消费原则
         智慧消费 ──┼── 智慧购物的技巧 ──┬── 智慧购物的技巧
                    │                    └── 识别商家的花式欺诈
                    └── 消费者权益保护的知识 ──┬── 辨别虚假宣传广告
                                               └── 消费者的权利
```

学习情境一　常见的消费理念

理性消费是指消费者在消费能力允许的条件下，按照追求效用最大化原则进行消费。从心理学的角度看，理性消费是消费者根据自己的学习和知觉做出合理的购买决策，当物质不够充裕时，理性消费者追求的是价廉物美、经久耐用的商品。

课前活动

扫一扫，观看《守财奴》的小视频。

说一说：视频中的商人是什么消费观？这种消费观值得我们学习吗？

守财奴

过程活动

问题情境

近日，泡泡玛特在初二（3）班卷起了一股"盲盒潮"，班上的同学都以能够抽中隐藏款泡泡玛特为豪。

小丽一脸炫耀地道："我昨晚抽中了一款限量版的泡泡玛特——Molly。"不出意外，小丽收获了众多美慕的眼光。

小明在一旁悻悻念叨："为什么我抽中的是常规版的呢，我下午放学一定要去抽中隐藏款的泡泡玛特，在班上大出风头。"

模块一　智慧消费

　　旁边的小豪听到后，连忙跟小明相约放学后一起去购买盲盒，毕竟一个泡泡玛特的售价才 69 元，对于他们来说并不贵。

问题：
（1）班上的同学分别有哪些消费心理？你有这些消费心理吗？
（2）什么样的消费心理才是正确的？如何做一名理智的消费者？

🔍 搜集：常见的消费心理

　　消费心理是指消费者在寻找、选择、购买、使用、评估和处置与自身相关的产品和服务时所产生的心理活动，是消费者进行消费活动时所表现出的心理特征与心理活动的过程。消费心理大致可分为四种，分别是：从众心理、求异心理、攀比心理和求实心理。

（1）请搜集并解释以下四种消费心理的特征。

①从众心理：_____。
②求异心理：_____。
③攀比心理：_____。
④求实心理：_____。

（2）根据以上消费心理的特征，请你将小丽、李明、小豪的消费心理进行归纳。

①小丽：_____。
②李明：_____。
③小豪：_____。

（3）根据以上内容，请判断生活中的各种现象属于哪种消费心理并连线。

消费心理类型	现象
从众心理	①青春期的青少年染发烫发。
	②吃得高档、穿戴时髦、玩得够嗨、买名牌包。
	③家长比较不同孩子，对自己的孩子过度期望。
求异心理	④小明今年考到全班第一名，爸爸要给他买一双球鞋，他不买阿迪达斯也不买耐克，他买了一双 100 元左右的安踏，质量好又耐磨，穿着也舒服。
	⑤孩子什么都想学，什么也没有学好。
攀比心理	⑥宿舍成员集体出动参加各种证书培训班。
	⑦看到别人买了一部小米手机，自己就买了一部苹果手机。
求实心理	⑧新车一上牌就成了"二手车"，就开始贬值，越用越贬值，但对我来说，汽车只是一种"为我服务的工具"，什么品牌无所谓，关键是质量要好，价格要实在。

讨论：什么样的消费心理是正确的

年轻人就应该追赶潮流

盲目从众不可取

我的观点：

同学观点：

资料卡

一、四种消费心理

常见的消费心理有从众心理、求异心理、攀比心理和求实心理，这四种消费心理的特点、利弊和我们对其应持的态度如表1-1所示。

表1-1 四种消费心理

消费心理	特点	评价	态度
从众心理	仿效性，重复性，盲目性	利：健康、合理的从众心理引发的消费可以带动一个产业的发展，如绿色消费可以带动绿色产业； 弊：不健康、不合理的从众心理引发的消费可能使经济的良性发展产生偏离，对个人生活也有不利影响，如盗版书不仅损害了作者、读者、出版社的利益，还扰乱了书刊市场的秩序	具体问题具体分析，盲目从众不可取
求异心理	标新立异，与众不同	利：展示个性，可能推动新工艺和新产品的出现和发展； 弊：代价大，不一定能得到社会认可	适当求异可行，过分标新立异不值得提倡

续表

消费心理	特点	评价	态度
攀比心理	夸耀性，盲目性	弊：不实用，对个人生活不利	不健康的心理，不值得提倡
求实心理	符合实际，讲究实惠	利：理智的消费，对个人和社会都有好处	值得提倡和发扬

二、正确的消费原则

人们的消费行为往往受到多种消费心理的影响。不同的消费心理既有区别又有联系，这四种消费心理并不是独立地影响着我们的消费，而常常是共同影响人的消费行为，只不过，可能在某种消费行为中，某一种消费心理的作用更突出、表现得更鲜明。由于消费心理对消费行为有重要影响，因此，我们更要注重培养健康的消费心理，使我们的消费行为向合理、健康、文明的方向发展，做一个理智的消费者。如何才能做一名理智的消费者呢？这就必须坚持以下几个正确的消费原则。

（1）量入为出，适度消费。

（2）避免盲从，理性消费。

（3）保护环境，绿色消费。

（4）勤俭节约，艰苦奋斗。

探索实践

在日常生活中，我们可以依据正确的消费原则，对消费行为进行理性的判断。请你判断表1-2中的消费行为是否合理，并简要说明理由。

表1-2 消费行为分析判断

消费行为	是否合理（请勾选）	理由
购买学习用品	□合理　□不合理	
为灾区捐款	□合理　□不合理	
贷款购买名牌手表	□合理　□不合理	
小明家收入较低，但是他买了一部苹果手机	□合理　□不合理	

分享

在日常生活中，你有哪些合理的消费技巧和消费建议？

拓展活动

小华家正在装修，以下是小华及其家庭成员的对话，请你根据他们的对话总结其各自的消费心理并提出建议。

对话一

妈妈：老公，同事们都说，现在装修流行"欧洲"样式，很有异国风情。

爸爸：那就听你的吧，反正一切跟着"流行"走。

小华：妈，不对吧，我同学上网看过了，说明年将流行"澳洲"样式。

爸爸：那我们家要怎么装修好啊？

问题：

（1）小华和父母在装修风格的选择上表现出的是哪种消费心理？

（2）请你给小华家出出主意，应该怎么装修。

对话二

小华：爸，我们新房旁边怎么有好多塑料饭盒？

爸爸：哦，可能是装修工人吃完饭扔的。

小华：我们国家现在不是有规定不准使用塑料饭盒吗？

爸爸：可现实生活中很多人都使用它啊！

小华：那是他们还不清楚它的危害。

爸爸：这饭盒还有危害啊？

问题：

请帮小华爸爸解开疑惑，塑料饭盒的危害有哪些？

对话三

爸爸：新房装修好了，我们家该鸟枪换炮，家具、电器全换新的，把旧家具、电器全丢了。

妈妈：是呀，我们也享受享受。

问题：

（1）我们的身边还有哪些浪费现象？你如何看待这些现象？

（2）作为当代中学生，你如何理解勤俭节约，艰苦奋斗？

学习情境二　智慧购物的技巧

智慧消费是指通过技巧和策略来为自己节省开支的消费行为。消费者可以通过一些方式来降低购物花费，例如参加促销活动、使用优惠券、选择购买国内的特价商品等。

课前活动

为了了解影响商品价格的因素，请在自家周边的几个超市、菜市场对蔬菜价格进行调查，请将调查结果填在表1-3中。

表 1-3　某片区的蔬菜价格　　　　　　　　　　单位：元/千克

市场名称	蔬菜品种	早上价格	中午价格	晚上价格

过程活动

问题情境

请根据表 1-3 中的数据，分析影响商品价格的因素，总结选购商品的基本常识，并讨论如何智慧购物，购物时应如何识别网络购物陷阱。

影响商品价格的因素：_____。

选购商品的基本常识：_____。

讨论：如何智慧购物

（1）请判断，以下问题是你购物时需要考虑的问题吗？

① 这是买给谁的？　　　　　　　　　　　　　　　　　　　　　□是　□否
② 这个物品有使用的必要吗？它适合我吗？它的质量如何？　　　□是　□否
③ 我喜欢它吗？　　　　　　　　　　　　　　　　　　　　　　□是　□否
④ 这个物品非买不可吗？可以租、借吗？　　　　　　　　　　　□是　□否
⑤ 这个物品我能否负担得起？　　　　　　　　　　　　　　　　□是　□否
⑥ 这个物品的实际成本是多少？　　　　　　　　　　　　　　　□是　□否
⑦ 这个物品买回来放在哪里？　　　　　　　　　　　　　　　　□是　□否
⑧ 如果把你手里的物品换成同等价值的金钱，你愿意交换吗？　　□是　□否
⑨ 如果采购某一物品没有赠品，你会买吗？　　　　　　　　　　□是　□否

（2）如何做到智慧购物？

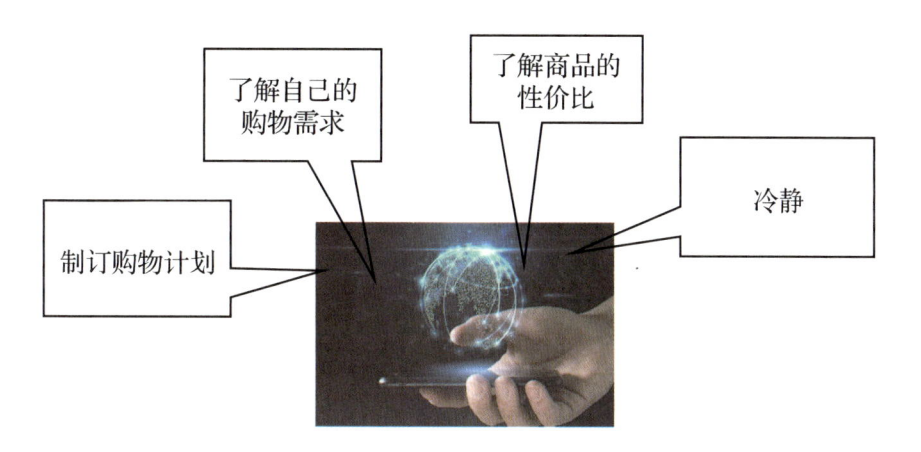

了解自己的购物需求

了解商品的性价比

冷静

制订购物计划

💡 我的观点：

💡 同学观点：

探究：智慧购物

一家游乐场推出了两种付费方式。

方式一：每次入场购买 30 元入场券。

方式二：办理实名制会员卡，费用为 150 元，会员卡仅限本人使用，凭会员卡购买入场券，入场券为 18 元。请根据以下情境，选择最佳方式。

情境一：小明一共去游乐场 8 次，哪种付费方式更划算？

情境二：当小明去游乐场至少多少次时，方式二比方式一划算？

🌐 **分享**

你有哪些购物小妙招？和朋友们分享一下吧！

资料卡

一、十大智慧购物技巧

1. 制订购物计划

在进行购物前，最好先制订一个购物计划，明确需要购买的物品和预算范围，这样可以避免由于冲动购物导致的不必要的花费。

2. 研究商品信息

在购买某种商品之前，最好先了解该商品的相关信息，如品牌、型号、参数等，可以通过百度、淘宝等多个平台获取商品的相关信息，并进行对比。

3. 关注促销信息

在购买商品前，可以多关注各类促销信息，以获得更高的性价比。例如，京东"秒杀"和天猫"限时抢购"等。此外，还可以关注各大电商平台的会员特权和组合套餐，了解节假日促销时间，这些都可以让你节约更多的资金。

4. 比较不同平台的价格

在购买商品时，可以多对比不同电商平台的价格，以便选择更优惠的商品。例如，有时候同样的商品，不同的电商平台价格不同，而且差距可能很大。此时，我们应选择更优惠的平台进行购买。

5. 关注品牌活动

如果你对商品的品牌有需求，那么了解品牌的各类限时折扣和活动将会为你省下不少钱。许多品牌都会在其线上旗舰店开展各种活动，可以通过关注其官方微博、微信公众号或选择接收品牌信息来获得更多的活动信息。

6. 临期商品优惠

一些电商平台会对临近保质期的库存商品采取销售折扣措施。此时，消费者可以在相应电商平台合理购买，以获取更高的性价比。

7. 仔细阅读商品评价

在购买商品之前，可通过仔细阅读该商品的评价信息，了解其他消费者关于该商品的真实使用评价，避免落入虚假评价的陷阱。

8. 使用优惠券

优惠券是一种能在购买商品时优惠一定金额的优惠方式，一些电商平台如京东、淘宝常有这类促销，消费者可以通过一些手机应用程序来获取并使用此类优惠券。

9. 利用福利赠品

在选择商品时，可以关注该商品是否有赠品。一些电商平台或品牌在推出新产品时会赠送相关福利，如第二件半价、满额赠礼等，消费者可以通过这些福利来获取更多的实惠。

10. 智慧价保

智慧价保功能，是一些消费保障品牌或平台提供的服务，针对有价格保护的商品，在消费者购买该商品后的限定时间内，若该商品出现降价，这一服务可以为消费者进行差价补偿，从而使消费者获得更高的性价比。

智慧购物的技巧不在于你是否有很多钱，而在于你是否知晓如何以最佳的价格获得更多的商品价值。

二、如何识破商家的花式欺诈

1. 虚假促销活动

如何识别虚假促销呢？

（1）通过多种渠道查证促销信息的真实性。

我们可以通过搜索引擎或社交媒体等渠道查询促销信息的真实性，尤其是那些陌生的、从未听说过的网店的促销信息，更需要进行多方面的核实。如果该促销活动是真实存在的，我们也需要仔细阅读该促销信息的内容，特别是内容中关于折扣和优惠信息的部分，避免被商家的伎俩所迷惑。

（2）通过观察商家的信誉度来判断促销活动的真实性。

如果商家的信誉度较高，那么该促销活动的真实性也能得到相应保障。我们可以通过查看商家的评价、历史交易记录和客户反馈等信息，了解商家的诚信度和口碑。如果商家信誉度较低，或者历史交易记录中存在大量退款或投诉，那么该促销活动就有可能是虚假的。

2. 虚假评论

在网上购物时，消费者经常会参考其他人的评价和评论来决定是否购买某个产品。但是，一些商家为了吸引更多的顾客，会利用虚假评论来夸大产品的优点，以此误导消费者。那么，如何识别虚假评论呢？

（1）查看评论的发布时间来判断其真实性。

如果评论都在短时间内集中发布，或者评论时间过于规律，那么这些评论很可能是商家刷出来的虚假评论。正常情况下，消费者评价商品的时间应该比较分散，并且发布评论的时间应该与购买商品的时间相对应。

（2）查看评论的内容来判断其真实性。

如果所有的评论都是五星好评，或者评论内容过于简单、模板化，那么这些评论很可能是商家刷出来的虚假评论。正常情况下，消费者对于商品的评价会有正反两面，会提出具体的问题或者建议。如果所有评论都是过于模板化的好评，那么很有可能是虚假评论。

（3）查看评论者的信息来判断评论的真实性。

如果评论者的资料过于简单、单一，或者评论者的头像过于模糊、简陋，那么这些评论者发布的评论很可能是虚假评论。在购物时，如果要查看某个商品的评论，最好是查看那些真实、资料较完整的评论者的评论。

3. 虚假商品

如今，电商平台上虚假商品的问题愈发严峻，虚假宣传更是让消费者头疼不已。虚假商品是商家为了获取利益而采取的不正当手段，严重影响了消费者的权益，因此，消费者应该学会识别虚假商品。

（1）消费者可以通过查看商品的图片、描述来判断商品的真实性。

虚假商品的宣传往往是夸大其词、使用虚假图片等手段进行宣传。例如，某服装商家展示商品时，模特穿着的样品设计精美、面料优质，但实际该商家售卖的商品却是劣质的仿冒品。此时，消费者可以将图片与实际商品进行对比，或者从其他角度来寻找商品的真实信息。

（2）查看其他消费者的评价。

购买商品后，消费者通常会在电商平台上留下评论，这些评论能够帮助我们更好地了解商品的真实情况。例如，有消费者在评论中表示自己购买某款电子产品后，发现商家在商品描述中夸大了商品的性能，实际使用效果并不理想。通过这些评论，我们能够更好地了解商品的实际情况。

（3）消费者还可以从其他细节入手，判断商品的真实性，例如商家的售后服务是否到位、是否提供正规的发票等。

如果一个商家的售后服务较差，或者无法提供正规的发票，那么消费者就需要慎重考虑是否在该商家进行消费。

4. 恶意链接

恶意链接已经成为网络上的一个普遍问题，一些商家为了获取顾客的个人信息，会通过恶意链接实施诈骗行为，这给消费者的个人信息安全带来了很大的隐患。因此，消费者需要更加警觉，以避免被骗。

（1）消费者应该谨慎点击未知链接。

消费者在网上购物时，如果收到了一些来自商家的未知链接，消费者不应直接点击链接，而应先确认该链接的来源和内容，确保其来自合法的商家，而不是骗子，再决定是否点开该链接。

（2）查看链接的域名也是非常重要的。

消费者需要注意，虽然骗子可能会制造一些看起来很像来自正规商家的链接，但是这些链接的域名和正规商家的域名大多有所不同。如果消费者发现链接的域名有异于平时购物的网站，那么就应该更加警觉了。

（3）消费者还可以通过检测链接的安全性来避免被骗。

在点击未知链接之前，消费者可以先检测链接的安全性，确保它是一个安全的链接。如果发现链接的安全性存在问题，那么消费者应该立即停止打开链接的相关操作，并向商家反馈该链接的存在。

5. 虚假客服

在网络购物的过程中，虚假客服是一个容易被忽视的风险。一些不良商家会通过虚假客服来欺骗消费者，从而获取消费者的个人信息或者钱财。这种欺诈行为不仅会让消费者遭受经济损失，还可能泄露消费者的个人隐私，给消费者带来更大的风险。

那么，如何识别虚假客服呢？

首先，要确认客服的工号是否真实存在。有些商家为了达到欺诈的目的，会虚构客服的工号，让消费者误以为自己正在和真正的客服交流。因此，消费者可以通过互联网搜索相关信息来确认与自己沟通的客服是否是真实的。其次，消费者可以询问一些比较具体的问题，观察客服的回答是否准确。虚假客服通常不具备专业知识，无法回答一些比较具体的问题。最后，消费者可以从客服的语气和态度等方面判断客服是否是真实客服。虚假客服往往语气急躁，态度冷漠，与真正的客服存在巨大的差别。

在网络购物时，我们一定要谨慎，不要随便被虚假客服诱导泄露自己的个人信息或者银行卡信息。如果遇到可疑情况，应该及时联系商家或者第三方平台，以得到更好的保护和处理。

网络购物的陷阱层出不穷，我们需要时刻保持警惕，认真辨别不良商家的欺诈行为，避免损失。

探索实践

体验：根据学到的购物技巧，制作一份购物清单

新学期到了，你计划去超市购买一些学习及日常用品，但超市中琳琅满目的商品以及各种优惠活动常常使你忘记最初的购物需求，甚至盲目购物。因此，为了能够有的放矢地购物，理性消费，同时节省时间，请你根据学到的购物技巧，制作一份购物清单，如表1-4所示。

表1-4 购物清单

物品名称	单价/元	数量	总价/元
合计			

分享

（1）制作购物清单时，应该注意什么？

（2）在日常商品促销活动中，我们应如何识别可能存在的消费陷阱？

拓展阅读

消费常识读本。

学习情境三　消费者权益保护的知识

课前活动

扫一扫，观看"佳洁士"盐白牙膏的广告视频。

写一写：视频中哪些广告词夸大了产品效果？

佳洁士盐白
牙膏广告

过程活动

问题情境

小明从某广告中了解到《智慧背囊》这一书籍，并从书店购买了一本，回家后，小明发现书里缺页，于是小明去找书店老板要求更换，却被书店老板拒绝了，小明不知道该如何处理。如果你是小明，你会选择以下哪种处理方式？你应该如何维护自己的合法权益？

A. 听信广告，只能自认倒霉，下次不到这里来买书了

B. 同老板讲道理，坚决要求更换

C. 向工商局举报

D. 找几个朋友把老板打一顿，然后要求更换

你的选择是：_____。

选择这一处理方式的理由：_____。

模块一 智慧消费

🔍 **搜集：身边常见的虚假广告**

虚假广告，就是指广告内容是虚假的或者是容易引人误解的，一是指与实际提供的商品或服务的质量不符的宣传内容，二是指可能使宣传对象或受宣传影响的人对商品的真实情况产生错误的联想，从而影响其购买决策的商品宣传。

请上网搜索或查阅相关图书，了解虚假广告的具体行为和表现形式，填在表 1-5 中。

表 1-5 虚假广告的具体行为和表现形式

具体行为	表现形式

☕ **讨论：如何辨别广告真伪**

（商品或服务承诺过于夸张）
（是否存在不合理的价格或优惠）
（打电话咨询）

💡 我的观点：

💡 同学观点：

讨论并分析

（1）小明能否要求更换书籍？为什么？

（2）当消费者与商家出现争议时，从法律角度来说，哪些处理方式是可取的、合法的？

分享

日常生活中，你有因虚假广告受骗上当的经历吗？你是如何处理的？和朋友们分享一下吧！

资料卡

一、辨别虚假宣传广告

宣传广告是商家用来推销产品或服务的重要手段，但与此同时，也有不良商家借宣传广告进行虚假宣传。虚假宣传广告不仅误导消费者，还可能造成经济损失和社会不稳定。因此，学习辨别虚假宣传广告非常重要。

1. 商品或服务承诺过于夸张

众所周知，现实生活中并不存在完美无缺的商品或服务。因此，当看到宣传广告声称某款产品或服务拥有奇特的功效时，我们应该保持警惕。虚假宣传广告通常以夸张的言辞来吸引消费者的注意，而真实的广告通常会在合理的范围内描述商品或服务的特点。

2. 缺乏权威认证

真实的宣传广告通常会在商品或服务中附上权威认证的标志，例如国家质量认证或知名机构认证，而虚假宣传广告中的商品往往没有这些权威认证，或者是使用了伪造的认证标志来误导消费者。因此，消费者在选择商品或服务时，应当留意其是否有合法的认证标志，并通过第三方渠道验证其认证标志的真实性。

3. 不合理的价格或优惠

虚假宣传广告往往以低廉的价格或福利来吸引消费者，然而，如果某广告中商品或服务的价格远低于市场价或者超出合理范围，那么该广告极有可能是一则虚假的宣传广告。此外，如果广告中声称的优惠力度过大，例如附送免费赠品或高额返利等，消费者也需要保持警惕。在购物时，消费者应理性思考，对价格和优惠进行合理分析，以避免上当受骗。

4. 宣传手法不当

真实的宣传广告通常采用客观、真实、明确的表达方式来推销商品或服务，而虚假宣传广告通常会采用夸大或虚构的手法来吸引消费者，例如使用虚假的口号、图片、视频来夸大商品的价值等。此外，虚假宣传广告还有可能与其他同类产品进行恶意比较，甚至诋毁竞争对手的产品以牟取利益。因此，消费者在观看宣传广告时，需保持理性思考，对夸张和恶意攻击行为保持警惕。

面对宣传广告，消费者可以通过多种途径来查证其真伪。首先，可以通过官方渠道对广告内容进行核实，例如官方网站、客服电话等。其次，可以查询其他消费者的评价和体验，特别是论坛等社交媒体中的评论。最后，也可以通过媒体报道或相关权威机构的评估结果来了解商品或服务的真实情况。通过以上途径，对宣传广告进行综合考量，可以降低虚假宣传广告对消费者的影响，保障其合法权益。

在大数据时代，消费者权益保护迈上了新的台阶，希望广大消费者能树立正确的消费观念，在购物过程中保持警惕，共同营造诚实守信的商业环境。

二、针对虚假广告的有关法律规定

（一）《中华人民共和国广告法》

针对虚假广告问题，《中华人民共和国广告法》有以下规定：

第五十五条 违反本法规定，发布虚假广告的，由市场监督管理部门责令停止发布广告，责令广告主在相应范围内消除影响，处广告费用三倍以上五倍以下的罚款，广告费用无法计算或者明显偏低的，处二十万元以上一百万元以下的罚款；两年内有三次以上违法行为或者有其他严重情节的，处广告费用五倍以上十倍以下的罚款，广告费用无法计算或者明显偏低的，处一百万元以上二百万元以下的罚款，可以吊销营业执照，并由广告审查机关撤销广告审查批准文件、一年内不受理其广告审查申请。

医疗机构有前款规定违法行为，情节严重的，除由市场监督管理部门依照本法处罚外，卫生行政部门可以吊销诊疗科目或者吊销医疗机构执业许可证。

广告经营者、广告发布者明知或者应知广告虚假仍设计、制作、代理、发布的，由市场监督管理部门没收广告费用，并处广告费用三倍以上五倍以下的罚款，广告费用无法计算或者明显偏低的，处二十万元以上一百万元以下的罚款；两年内有三次以上违法行为或者有其他严重情节的，处广告费用五倍以上十倍以下的罚款，广告费用无法计算或者明显偏低的，处一百万元以上二百万元以下的罚款，并可以由有关部门暂停广告发布业务、吊销营业执照。

广告主、广告经营者、广告发布者有本条第一款、第三款规定行为，构成犯罪的，依法追究刑事责任。

第五十六条 违反本法规定，发布虚假广告，欺骗、误导消费者，使购买商品或者接受服务的消费者的合法权益受到损害的，由广告主依法承担民事责任。广告经营者、广告发布者不能提供广告主的真实名称、地址和有效联系方式的，消费者可以要求广告经营者、广告发布者先行赔偿。

关系消费者生命健康的商品或者服务的虚假广告，造成消费者损害的，其广告经营者、广告发布者、广告代言人应当与广告主承担连带责任。

前款规定以外的商品或者服务的虚假广告，造成消费者损害的，其广告经营者、广告发布者、广告代言人，明知或者应知广告虚假仍设计、制作、代理、发布或者作推荐、证明的，应当与广告主承担连带责任。

（二）《中华人民共和国消费者权益保护法》

《中华人民共和国消费者权益保护法》第四十五条规定：消费者因经营者利用虚假广告或者其他虚假宣传方式提供商品或者服务，其合法权益受到损害的，可以向经营者要求赔偿。广告经营者、发布者发布虚假广告的，消费者可以请求行政主管部门予以惩处。广告经营者、发布者不能提供经营者的真实名称、地址和有效联系方式的，应当承担赔偿责任。

三、针对消费者的法律规定

《中华人民共和国消费者权益保护法》（节选）：

第七条 消费者在购买、使用商品和接受服务时享有人身、财产安全不受损害的权利。消费者有权要求经营者提供的商品和服务，符合保障人身、财产安全的要求。

第八条 消费者享有知悉其购买、使用的商品或者接受的服务的真实情况的权利。消费者有权根据商品或者服务的不同情况，要求经营者提供商品的价格、产地、生产者、用途、性能、规格、等级、主要成分、生产日期、有效期限、检验合格证明、使用方法说明书、售后服务，或者服务的内容、规格、费用等有关情况。

第九条 消费者享有自主选择商品或者服务的权利。消费者有权自主选择提供商品或者服务的经营者，自主选择商品品种或者服务方式，自主决定购买或者不购买任何一种商品、接受或者不接受任何一项服务。消费者在自主选择商品或者服务时，有权进行比较、鉴别和挑选。

第十条 消费者享有公平交易的权利。消费者在购买商品或者接受服务时，有权获得质量保障、价格合理、计量正确等公平交易条件，有权拒绝经营者的强制交易行为。

第十一条 消费者因购买、使用商品或者接受服务受到人身、财产损害的，享有依法获得赔偿的权利。

第十二条 消费者享有依法成立维护自身合法权益的社会组织的权利。

第十三条 消费者享有获得有关消费和消费者权益保护方面的知识的权利。消费者应当努力掌握所需商品或者服务的知识和使用技能，正确使用商品，提高自我保护意识。

第十四条 消费者在购买、使用商品和接受服务时，享有人格尊严、民族风俗习惯得到尊重的权利，享有个人信息依法得到保护的权利。

第十五条 消费者享有对商品和服务以及保护消费者权益工作进行监督的权利。消费者有权检举、控告侵害消费者权益的行为和国家机关及其工作人员在保护消费者权益工作中的违法失职行为，有权对保护消费者权益工作提出批评、建议。

探索实践

以"安全与消费"为主题，制作手抄报或思维导图，在社区、学校中开展有关"3·15"消费者权益日的由来及消费维权的教育活动。

拓展阅读

阅读学习《中华人民共和国广告法》《中华人民共和国消费者权益保护法》，观看"3·15"晚会。

总结评价

消费是我们日常生活中不可缺少的一部分,通过本模块的学习,我们了解了消费者权益保护、虚假广告、理性消费的知识,学会了如何识别虚假广告、识别消费陷阱、制作消费清单等技能。我们更懂得取舍,不贪便宜,不因外在诱惑冲动消费或过度消费,形成绿色消费观念,健康理性地生活。

我的活动成果	
我获得的知识	
我受到的启发	
我的反思	

模块二

智慧理财

俗话说："你不理财，财不理你。"理财是人生的必修课，养成良好的财务习惯，合理规划财务预算，是人生幸福的金钥匙。

学习目标 →

【了解知识与事实】

- 了解货币的发展史；
- 了解通货膨胀与货币价值变动；
- 了解银行卡的分类及信用卡与借记卡的区别；
- 了解常见的理财种类；
- 了解家庭的收入和支出。

【获取方法与技能】

- 能够计算汇率，比较货币价值；
- 学会计算储蓄收益；
- 学会计算贷款利息；
- 学会利用记账表格或记账小程序记账；
- 能制订个人财务预算计划。

【形成观念与态度】

- 财富是个人的努力成果，做财富的主人，不做财富的奴隶；
- 赚取更多财富不是人生的最终目的，用所赚取的财富去帮助他人、回馈社会，才是生命价值的最高体现；
- 养成理财意识；
- 养成良好的记账习惯。

知识图谱

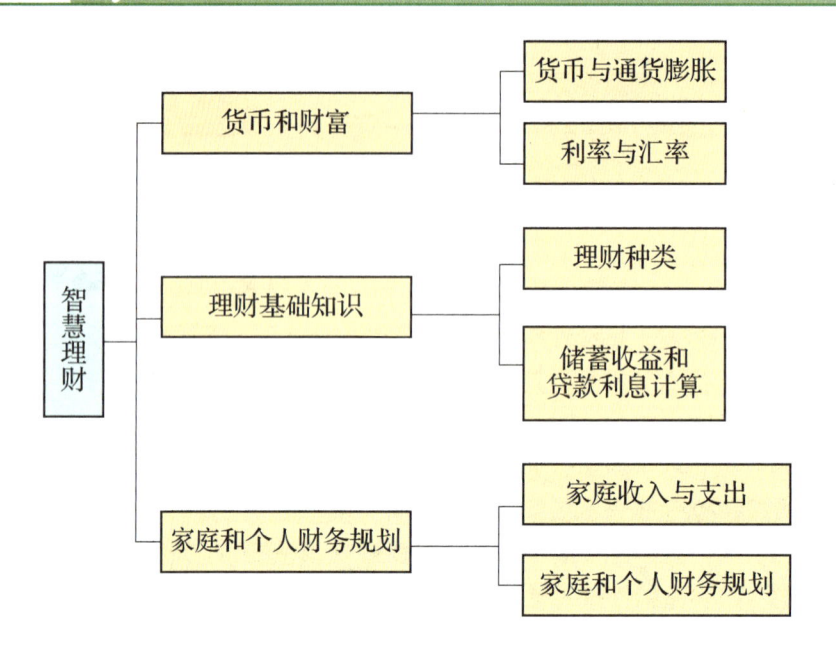

```
                    ┌─ 货币和财富 ─────┬─ 货币与通货膨胀
                    │                 └─ 利率与汇率
                    │
        智慧理财 ───┼─ 理财基础知识 ──┬─ 理财种类
                    │                 └─ 储蓄收益和贷款利息计算
                    │
                    └─ 家庭和个人财务规划 ┬─ 家庭收入与支出
                                          └─ 家庭和个人财务规划
```

学习情境一 货币和财富

课前活动

扫一扫，观看财经类纪录片《货币》第二集《从哪里来》，找出下列问题的答案。

（1）1347年，意大利热那亚商人将（　　）换成第一份保险单。

（2）1602年，荷兰东印度公司将（　　）转换成第一张股票。

（3）世界上的第一张纸币来源于中国的（　　）时期，被称为（　　）。

（4）在中国古代，货币从最早的（　　），到后来的刀币，逐渐定型为外圆内方的（　　）、铁钱，再到薄如蝉翼的纸币（　　），是货币形态最彻底的一次改变，也被认为是信用货币的开端。

（5）中国的（　　）比西方第一张纸币的出现早了600多年。

《货币》第二集《从哪里来》

22

过程活动

问题情境

周末，李明一家到钱币博物馆参观，走到中华人民共和国成立后的人民币发展展厅时，李明好奇地问爸爸："之前的人是怎么用银钱交易的？"爸爸给李明讲了不同时代的人是怎么用银钱交易的，还讲了中国历史上恶性通货膨胀的故事。走到各国货币展厅时，李明又问爸爸："人民币怎么换成外币？"爸爸又跟李明讲了汇率、兑换外币的常识，李明听了爸爸的讲解，初步了解了外币兑换的知识。

下面，我们一起来探讨李明提出的问题。

（1）通货膨胀对居民日常生活有什么影响？

（2）人民币如何兑换成外币？

阅读：中国历史上的恶性通货膨胀故事

1935年，国民党政府实行了"法币改革"，规定自1935年11月4日起，以中央、中国、交通三银行所发行的钞票为"法币"。从1942年7月1日起，"法币"的发行权统一于中央银行，并宣布所有白银和银元的持有人，应立即将白银和银元缴存政府，照面额换领"法币"。抗日战争期间，"法币"的发行额迅速增长起来。1945年8月抗日战争结束时，"法币"的发行额为1937年7月抗日战争全面爆发时的三百四十余倍，同一时期的物价至少上涨了二千倍。

1937—1947年，100元法币的购买力变化如下：

1937年可买黄牛二头；

1938年可买黄牛一头；

1939年可买猪一头；

1941年可买面粉一袋；

1943年可买鸡一只；

1945年可买鸡蛋二个；

1946年可买固体肥皂六分之一块；

1947年可买煤球一个。

资料来源：边菲. 国民党统治下的旧中国通货膨胀[J]. 中学政治课教学，1982（03）：39.

"智慧"财经素养活动学习指导教程

☕ **讨论：通货膨胀对居民日常生活的影响**

> 使得物价上涨，货币购买力不断下降，导致居民实际工资急剧下降，生活日益贫困

> 由于物价上涨，农民不得不高价购买生活资料和生产资料，低价出售自己的农产品，会更加贫困

💡 我的观点：

💡 同学观点：

🔍 **搜集**

登录国家外汇局网站（http://www.safe.gov.cn/），查询2022—2024年当日人民币汇率中间价，并填入表2-1中。

表2-1　2022—2024年当日人民币汇率中间价

币种	2024年当日中间价	2023年当日中间价	2022年当日中间价
100美元			
100欧元			
100港元			
100英镑			

分析

假设100美元的近三年4月16日人民币汇率中间价如表2-2所示，按100美元近三年4月16日的人民币汇率中间价，如果需要兑换一定金额的美元，哪年用的人民币最少？哪年用的人民币最多？

表2-2　100美元近三年4月16日人民币汇率中间价

币种	2024年4月16日	2023年4月16日	2022年4月16日
100美元	710.28	686.79	637.83

交流

周末，请你询问父母及家族中的亲属是否有参与外汇投资；如有，请跟家人交流外汇投资的常识。

资料卡

一、货币

（1）货币的含义：货币是经济中一种被人们广泛用于相互交易或清偿债务的资产存量。

从古至今，货币可以是"羊、斧头、贝壳、盐巴、丝绸、香烟、黄金、铸币、纸币……"其中，"由政府的规定或法令确定的没有内在价值的货币（纸币）"被称为法定货币，"那些当作货币且拥有内在价值的商品（如黄金、战俘营里的香烟）"被称为商品货币。

（2）货币的三种职能：价值储藏、计价单位、交换媒介。

二、通货膨胀

1. 通货膨胀的含义

通货膨胀（Inflation）指在纸币流通条件下，因货币供给大于货币实际需求，即现实购买力大于产出供给，导致货币贬值，而引起的一段时间内物价持续而普遍地上涨现象，其实质是社会总需求大于社会总供给（供远小于求）。

纸币、含金量低的铸币、信用货币等的过度发行都会导致通货膨胀。

2. 造成通货膨胀的原因

造成通货膨胀的直接原因是国家财政赤字的增加。

3. 通货膨胀的影响

（1）通货膨胀会导致物价上涨，货币贬值，购买力下降。

（2）通货膨胀会降低本国产品的出口竞争能力，引起黄金外汇储备的外流，从而使汇率贬值。

（3）通货膨胀会导致经济风险加大，储蓄下降。

（4）通货膨胀会导致固定收入者受损，浮动收入者获益。

（5）通货膨胀会导致借款人受益，存款人受损。

4. 防止通货膨胀的政策

国家通过宏观调控来保持经济总量平衡，促进经济结构优化，实现经济稳定增长。国家的宏观调控包括扩张性货币政策和紧缩性货币政策，如表2-3所示。

表2-3 扩张性货币政策和紧缩性货币政策

扩张性货币政策	适用时期	经济衰退时（经济萧条、经济不景气、内需不足）
	具体措施	三个降低：存款准备金率、再贴现率、利率； 一个买进：有价证券
紧缩性货币政策	适用时期	经济过热（通货膨胀、投资过热）
	具体措施	三个提高：存款准备金率、再贴现率、利率； 一个出售：有价证券

三、利率和汇率

1. 利率

利率是调节货币政策的重要工具，通常由国家的中央银行控制。自1949年中华人民共和国成立以来，我国的利率基本上属于管制利率类型，利率由国务院统一制定，由中国人民银行统一管理。

利率是指借款、存入或借入金额（称为本金总额）中每个期间到期的利息金额与票面价值的比率。

利率通常以一年期利息与本金的百分比计算，按时间单位的不同，利率又分为年利率、月利率、周利率、日利率等。

利率是决定企业资金成本高低的主要因素，同时也是企业筹资、投资的决定性因素，对金融环境进行研究时必须注意利率现状及其变动趋势。

2. 汇率

汇率，指的是两种货币之间兑换的比率，亦可视为一个国家的货币对另一种货币的价值，具体是指一国货币与另一国货币的比率或比价，或者说是用一国货币表示的另一国货币的价格。

按以本国货币还是以外国货币作为折算基础来表示本国货币与外国货币的价值比值来划分，汇率有两种标价方法：直接标价法和间接标价法。

按照不同货币之间的比价是否经常变动划分，可将汇率分为固定汇率和浮动汇率。按照外币买卖成交后的交割期长短来划分，还可将汇率分为即期汇率和远期汇率。按照银行向客户买入或卖出外币时所采用的汇率来划分，又可将汇率分为买入汇率、卖出汇率和中间汇率。

影响汇率的因素有利差、经济状况、政府干预、市场情绪、政治不确定性等。

探索实践

体验

体验一：按2024年4月16日的汇率，100美元可以兑换710.28元人民币，请计算以下问题。

（1）2 000美元可以兑换多少元人民币？

（2）2 000元人民币可以换算多少美元？

体验二：关注汇率实时变动，我们可以在"实时汇率网"查询实时汇率（https://www.huilv.cc/USD_CNY/），并借助实时汇率计算器计算需要换算的货币。

请利用欧元兑人民币汇率查询计算器计算以下问题。

（1）2 000欧元可以兑换多少人民币？

（2）2 000元人民币可以换算多少欧元？

汇率查询计算器

拓展阅读

阅读财商启蒙书籍《小狗钱钱》《穷爸爸，富爸爸》《邻家的百万富翁》。

拓展活动

搜索查询：你觉得世界上最富有的人是谁？他／她对社会的主要贡献是什么？

学习情境二　理财基础知识

课前活动

调查

（1）调查并了解家庭银行卡的使用情况，填写表2-4。

表 2-4　家庭银行卡使用情况调查

家庭银行卡情况	实际使用情况（可多选）
所属银行机构	□中国银行　□工商银行　□建设银行　□交通银行　□农业银行 □农商银行　□中国邮政储蓄银行　□其他：＿＿＿＿＿
银行卡类型	□储蓄卡　□信用卡
信用卡最高额度	□1万元及以下　□1万~5万元（含）　□5万~10万元（含）　□10万元以上
信用卡使用频率	□几乎不用　□偶尔使用　□经常使用
个人银行卡办理情况	□已办理　□未办理
个人银行卡类型	□储蓄卡　□信用卡

（2）调查并了解家庭理财情况，填写表2-5。

表2-5 家庭理财情况调查

家庭理财情况	实际理财情况（可多选）
理财方式	□银行储蓄　□购买银行理财产品 □购买债券　□购买债券投资基金　□购买股票 □购买保险　□购买彩票　□使用支付宝理财或微信理财
银行储蓄类型	□活期存款　□通知存款　□整存整取 □零存整取　□整存零取　□存本取息 □定活两便

过程活动

问题情境

请根据家庭银行卡使用情况调查表和家庭理财情况调查表中的数据，分析自家使用信用卡的情况和家庭理财情况，总结储蓄卡和信用卡的区别，对比不同理财种类的优缺点，分析如何选择存、贷款。

分析

（1）针对调查结果分析自家的家庭信用卡使用情况。

我家经常使用信用卡，因为：_____
_____
_____。

我家不经常使用信用卡，因为：_____
_____
_____。

（2）针对调查结果分析家庭的理财情况。

我家通过_____理财（填理财种类），因为（可从收益率大小、风险大小、收益期长短分析）_____
_____
_____。

搜集

（1）搜索储蓄卡和信用卡的区别，填写表2-6。

表2-6　储蓄卡和信用卡的区别

项目		储蓄卡（借记卡）	信用卡（贷记卡）
外观区别	正面		
	背面		
功能区别			

（2）结合搜集到的信息，请把下方的银行卡和与其对应的银行卡种类连起来。

银行卡　　　　　　　　　　　　　　　银行卡种类

储蓄卡（借记卡）

信用卡（贷记卡）

储蓄卡（借记卡）

信用卡（贷记卡）

（3）分析不同理财方式及其优缺点（可从收益率大小、风险大小、收益期长短等方面分析），填在表2-7中。

表2-7 各种理财方式的优缺点分析

理财方式	优点	缺点
银行储蓄		
银行理财产品		
债券		
证券投资基金		
股票		
保险		
彩票		
支付宝理财或微信理财		

探究

你计划将1 000元零花钱存入银行一年，两家银行一年期的年利率如表2-8所示。

表2-8　两家银行一年期年利率

银行	A银行	B银行
一年期年利率	1.45%	1.52%

请你根据以上两家银行一年期年利率情况，选择一家银行存款。

资料卡

一、常见的理财方式

1. 银行储蓄

银行储蓄是指将货币或有价证券存放在银行或金融机构以获取利息收益的行为。银行储蓄有活期存款、整存整取、零存整取、整存零取、存本取息、定活两便等类型，不同的储蓄类型带来的利息收益不同。

2. 银行理财产品

银行理财产品是商业银行在对潜在目标客户群进行分析研究的基础上，针对特定目标客户群开发设计并销售的资金投资和管理计划。在这种理财方式中，银行只是接收客户的授权管理资金，投资收益及风险由客户或客户与银行按照约定形式承担。

3. 债券

债券是一种金融契约，是政府、金融机构、工商企业等直接向社会借债筹借资金时，向投资者发行，同时承诺按一定利率支付利息并按约定条件偿还本金的债权债务凭证。债券的本质是债务的证明书，具有法律效力。债券购买者或投资者与发行者之间是一种债权债务关系，债券发行人即债务人，投资者（债券购买者）即债权人。债券按发行主体划分，可分为政府债券、金融债券、公司（企业）债券等。

4. 证券投资基金

证券投资基金是指通过发售基金份额募集资金形成独立的基金财产，由基金管理人管理、基金托管人托管，以资产组合方式进行证券投资，基金份额持有人按其所持份额享受收益和承担风险的投资工具，按基金的组织方式可将其分为契约型基金、公司型基金。

5. 股票

股票是股份公司为筹集资金而发行给各个股东作为持股凭证并借以取得股息和红利的一种有价证券，每股股票都代表股东对企业拥有一个基本单位的所有权。每家上市公司都会发

行股票，每个股东所拥有的公司所有权份额的大小，取决于其持有的股票数量占公司总股本的比重。股票是股份公司资本的构成部分，是资本市场的主要长期信用工具，可以转让、买卖，但不能要求公司返还其出资。

6. 保险

保险是指以集中起来的保险费建立保险基金，用于补偿被保险人因自然灾害或意外事故所造成的损失，或对个人因死亡、伤残、疾病或者达到合同约定的年龄期限时，承担给付保险金责任的商业行为。

7. 彩票

彩票是一种以筹集资金为目的发行的，印有号码、图形、文字、面值的，由购买人自愿按一定规则购买并确定是否获取奖励的凭证。

二、银行常用还款方式

1. 等额本息

等额本息是指在还款期内，每月偿还同等数额的贷款（包括本金和利息）。

2. 等额本金

等额本金是指在还款期内，每个月的还款本金是固定的，但利息不是固定的，首月的利息最高，然后逐月降低。

3. 按月还息，到期还本

按月还息，到期还本是指将贷款的总利息平均分摊到每个月中，还款人每月只需要偿还利息，贷款到期以后需一次性偿还本金。这种还款方式适用于期限较短的贷款，贷款期限通常不超过一年。

4. 利息计算公式

$$利息 = 本金 \times 年利率 \times 存款期限$$

$$月利率 = 年利率 / 12$$

每月以 30 天计算，则：

$$日利率 = 月利率 / 30 = 年利率 / 360$$

探索实践

体验

体验开设银行账户是本课程选学项目，参与体验本环节需经家长同意，并带齐证件参与体验。

（1）你所参观的银行是（　　　　）银行。

（2）该行的活期存款利率是（　　　）%。

（3）咨询该行定期存款（整存整取）的利率，填在表2-9中。

表2-9　定期存款（整存整取）利率

期限	三个月	六个月	一年	二年	三年	五年
年利率/%						

（4）假如你计划将1 000元零花钱存入该银行，3年后取出，根据表2-9中的利率，借助该银行网上银行的理财计算器，你能取到本金和利息共（　　　）元。

（5）咨询该银行的贷款利率，填在表2-10中。

表2-10　贷款利率

贷款期限	短期贷款		长期贷款		
	六个月（含）	六个月至一年（含）	一至三年（含）	三至五年（含）	五年以上
年利率/%					

（6）假如你的家庭需要在该银行办理10万元的贷款，采用等额本息的还款方式，三年还清，对照表2-10所示的利率，你家要归还的本金和利息共（　　　）元，计算过程为：_____；借助该行网上银行的理财计算器，每月需要归还的本金和利息为（　　　）元。

（7）你开设银行账户了吗？开设银行账户需要准备哪些资料？（选学）

分享

在日常生活中，你有哪些存款、贷款的技巧和建议？

拓展阅读

《生活中的数学》《小狗钱钱》。

学习情境三　家庭和个人财务规划

课前活动

上初中的小明和父母、爷爷一同生活，父母都是企业员工，收入比较稳定，小明家10月份的收支情况如表2-11所示。

表2-11　小明家10月份的收支情况

日期	收/支	类型	明细	金额	余额
10月1日	结转	上月结余			￥2 500.00
10月2日	支出	食	好滋味餐厅	￥350.00	￥2 150.00
10月2日	支出	行	加油费	￥400.00	￥1 750.00
10月4日	支出	住	电费	￥100.00	￥1 650.00
10月5日	支出	住	物业费	￥500.00	￥1 150.00
10月6日	支出	住	话费充值	￥400.00	￥750.00
10月8日	支出	食	孩子每周生活费	￥500.00	￥250.00
10月9日	支出	医	爷爷医药费	￥150.00	￥100.00
10月10日	收入	收入	丈夫工资收入	￥5 500.00	￥5 600.00
10月11日	支出	食	超市购物（买菜）	￥280.00	￥5 320.00
10月12日	支出	住	天然气充值	￥200.00	￥5 120.00
10月13日	支出	其他	同事婚礼红包	￥200.00	￥4 920.00
10月14日	支出	食	超市购物（买菜）	￥300.00	￥4 620.00
10月14日	支出	食	孩子每周生活费	￥500.00	￥4 120.00
10月15日	收入	收入	妻子工资收入	￥4 500.00	￥8 620.00
10月16日	支出	住	房贷	￥2 000.00	￥6 620.00
10月17日	支出	住	车库租赁费	￥400.00	￥6 220.00
10月18日	支出	食	超市购物（买菜）	￥350.00	￥5 870.00
10月20日	支出	食	孩子每周生活费	￥500.00	￥5 370.00
10月21日	支出	衣	孩子换季衣物	￥500.00	￥4 870.00

续表

日期	收/支	类型	明细	金额	余额
10月22日	支出	食	超市购物（买菜）	¥400.00	¥4 470.00
10月23日	支出	其他	妻子护肤品	¥300.00	¥4 170.00
10月25日	支出	食	超市购物（买菜）	¥380.00	¥3 790.00
10月26日	支出	食	孩子每周生活费	¥500.00	¥3 290.00
10月27日	支出	学习	孩子辅导班费用	¥800.00	¥2 490.00
10月28日	支出	食	超市购物（买菜）	¥280.00	¥2 210.00
10月29日	支出	行	妻子交通费用	¥150.00	¥2 060.00
10月30日	支出	食	超市购物（买菜）	¥410.00	¥1 650.00
10月31日	支出	食	孩子每周生活费	¥500.00	¥1 150.00
10月31日	收入		爷爷退休金	¥3 000.00	¥4 150.00
		本月结余			¥4 150.00

请你用计算器或电子表格计算并回答下面的问题。

（1）小明家10月份的总收入是（　　）元，其主要来源是：

（2）小明家10月份总支出是（　　）元，请计算小明家10月份在衣、食、住、行等方面的支出，将各方面的总支出分别填在表2-12中。

表2-12　10月份支出明细

支出类型	金额小计/元	该支出在总支出中的占比/%
衣		
食		
住		
行		
医		
学习		
其他		
合计		

过程活动

问题情境

根据计算出的小明家 10 月份的收支总额和各项支出数据，我们尝试帮小明家做一下财务规划。同时，请你利用微信的记账功能，统计你近一年的收入和支出情况，分析自己在哪些方面可以减少支出，制定自己下一年的财务规划。

分析

（1）小明家 10 月份结余（　　　）元。

（2）根据小明家 10 月份的结余金额，到该年年底，小明家结余共计（　　　）元。

（3）小明班上很多同学的手机都是苹果手机，他计划年底时让父母帮他更换最新款的苹果手机，目前该机型的官方售价是 8 999 元。如果你是小明的父母，你同意他买手机吗？请针对该问题，帮小明家做一下财务规划，完成表 2-13。

表 2-13　财务规划分析

意见	理由 / 财务规划（可以从采购时间、付款方式等方面分析）
可以买手机	
不买手机	
可以买，换别的款式	

讨论

（1）你的主要收入来源有哪些？

（2）你的支出去向有哪些？

分析

（1）你的"收入"够用吗？

（2）你用在"衣""食""住""行"中的开支，哪类最多？

（3）你认为你可以减少哪项支出？

探索实践

体验

体验一：打开微信的记账功能，统计自己近一年的收入和支出，填在表2-14中。

表 2-14 近一年的收入和支出

项目			金额
1.收入	固定收入	1.收到的压岁钱	（　　）元
		2.收到的生活费	（　　）元
	非固定收入	3.收到的零花钱	（　　）元
		4.其他进账（如生日红包等）	（　　）元
	小计		（　　）元
2.支出	固定支出	1.话费	（　　）元
		2.伙食费	（　　）元
		3.交通费	（　　）元
	非固定支出	4.洗护品、清洁用品	（　　）元
		5.其他费用	（　　）元
		其他费用明细：买学习用品（　　）元，游戏充值（　　）元，零食、水果、饮料（　　）元，旅游费用（　　）元，置装费（　　）元	
	小计		（　　）元
3.结余（收入 – 支出）			（　　）元

思考

分析自己近一年的收入和支出，思考自己可以节约哪项支出？

体验二：根据你近一年的收支情况，制订下一年的财务预算计划，完成表2-15。

表2-15 下一年财务预算计划

项目			金额
1.收入	固定收入	1.收到的压岁钱	（　　）元
		2.收到的生活费	（　　）元/月×（　　）个月=（　　）元
	非固定收入	3.收到的零花钱	（　　）元
		4.其他进账（如生日红包等）	（　　）元
	小计		（　　）元
2.支出	固定支出	1.话费	（　　）元/月×（　　）个月=（　　）元
		2.伙食费	（　　）元/月×（　　）个月=（　　）元
		3.交通费	（　　）元/月×（　　）个月=（　　）元
	非固定支出	4.洗护用品、清洁用品	（　　）元
		5.其他费用	（　　）元
		其他费用明细：学习用品（　　）元，游戏充值（　　）元，零食、水果、饮料（　　）元，旅游费用（　　）元，置装费（　　）元	
	小计		（　　）元
3.结余（收入－支出）			（　　）元

🌐 **分享**

你还有哪些理财小妙招，和朋友们分享一下吧！

拓展阅读

财商启蒙书籍《小狗钱钱》《穷爸爸，富爸爸》《邻家的百万富翁》。

总结评价

理财是一种管理个人财务的行为，我们可以通过投资、储蓄和消费等方式来增加个人财富。理财的目的，不在于要赚很多的钱，而在于使将来的生活更有保障或生活得更好，学会计划自己的未来需求对于理财很重要。

我的活动成果	
我获得的知识	
我受到的启发	
我的反思	

模块三

智慧识险

数字化时代，个人财物及信息保护对于个人的经济安全、隐私权、信用和声誉都具有重要意义。通过采取安全措施，我们可以最大限度地减少风险并保护个人财产和信息。

学习目标 →

【了解知识与事实】

- 了解常见的个人信息类型；
- 了解养成良好个人信用的措施；
- 列举金融风险种类及相应的规避方法；
- 归纳网络安全基本知识；
- 列举常见的电信诈骗手段。

【获取方法与技能】

- 学会保护个人信息的技巧；
- 学会处理个人不良信用的方法；
- 能够识别生活中存在的风险，认识风险可能导致的损失；
- 能够识别生活中常见的电信诈骗手段；
- 学会应对风险和危机的技能。

【形成观念与态度】

- 养成保护个人信息的意识；
- 增强风险意识，行动前尽量预判可能存在的风险；
- 养成良好信用记录的意识；
- 培养学生甄别网络信息的能力与预防诈骗的意识。

模块三　智慧识险

知识图谱

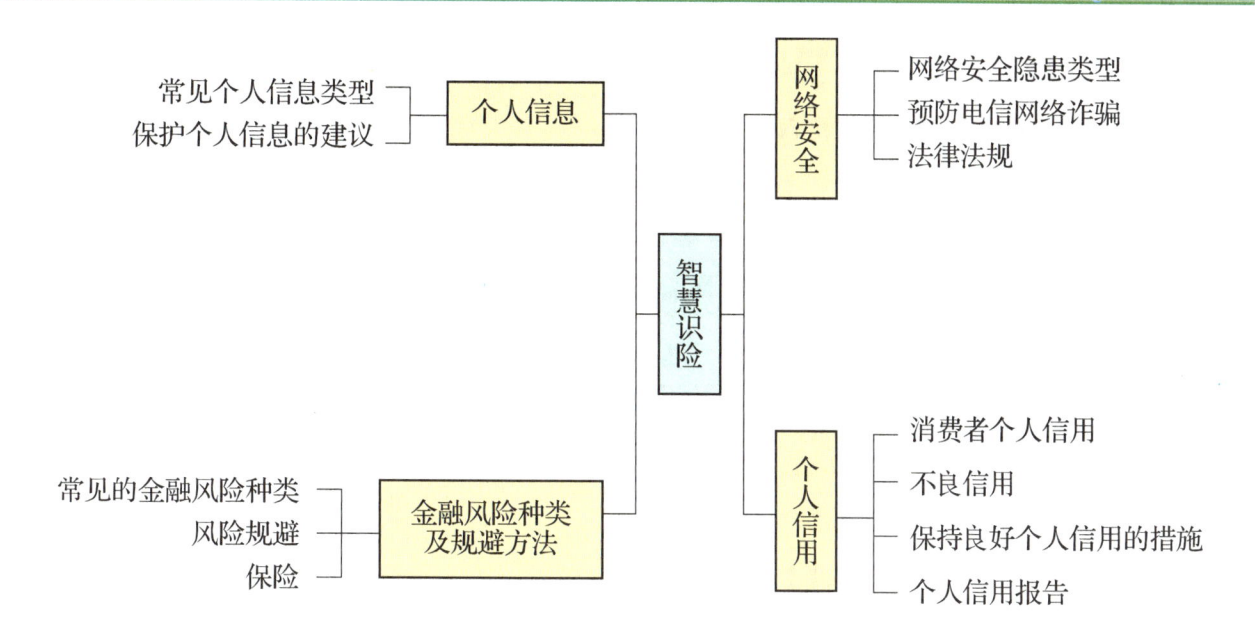

- 个人信息
  - 常见个人信息类型
  - 保护个人信息的建议
- 网络安全
  - 网络安全隐患类型
  - 预防电信网络诈骗
  - 法律法规
- 智慧识险
- 金融风险种类及规避方法
  - 常见的金融风险种类
  - 风险规避
  - 保险
- 个人信用
  - 消费者个人信用
  - 不良信用
  - 保持良好个人信用的措施
  - 个人信用报告

学习情境一　个人信息

课前活动

个人信息是指可以用来识别特定个人身份的任何数据或信息。请填写下面的调查问卷，对自己的个人信息保护意识做个评定。

（1）下列哪些属于常见的个人信息类型？（　　　）（多选）

A. 姓名　　　　　　　B. 身份证号码　　　　　C. 联系方式

D. 社交媒体账户　　　E. 银行和金融账户信息　F. 健康信息

G. 学校和教育信息　　H. 职业信息　　　　　　I. 兴趣爱好和喜好

J. 照片和视频　　　　K. IP 地址和设备标识符　L. 上网时间

（2）下列哪些属于不能泄露的个人信息？（　　　）（多选）

A. 兴趣爱好和喜好　　　　　　　　　　　　　B. 账户信息

C. 身份证号码　　　　　　　　　　　　　　　D. 上网时间

43

（3）你认为保护个人信息对你来说重要吗？（　　）（单选）

　　A. 重要　　　　　　　　B. 不重要

（4）你认为下列哪些行为会泄露个人信息？（　　）（多选）

　　A. 设置简单密码，不经常更改密码　　　　B. 随意分享个人信息给陌生人

　　C. 不设置手机和电脑的开机密码　　　　　D. 经常在不同的网站注册账号

　　E. 定期检查借记卡和信用卡账户　　　　　F. 经常使用公共 Wi-Fi

（5）你是否了解个人信息在互联网上的风险？（　　）（单选）

　　A. 了解　　　　　　　　B. 不了解

（6）在使用社交媒体平台时，你如何处理个人信息？（　　）（多选）

　　A. 仅与熟人分享个人信息

　　B. 设置隐私权限以控制信息的可见性

　　C. 谨慎发布个人照片和详细信息

　　D. 不随意点击可疑链接或下载附件

（7）你是否遇到过个人信息泄露或身份被盗的情况？（　　）（单选）

　　A. 是　　　　　　　　B. 否

（8）你是否了解个人信息保护相关的法律和法规？（　　）（单选）

　　A. 是　　　　　　　　B. 否

（9）你是否愿意学习更多关于保护个人信息的知识和技巧？（　　）（单选）

　　A. 是　　　　　　　　B. 否

（10）在使用公共 Wi-Fi 时，你是否有采取额外的安全措施来保护个人信息？（　　）（单选）

　　A. 是　　　　　　　　B. 否

（11）你是否定期检查银行账户和信用卡账单以确保没有异常交易？（　　）（单选）

　　A. 是　　　　　　　　B. 否

说明：本调查问卷共11题，单选题每题1分，多选题的备选项中有2个或2个以上符合题意，选对1项得1分，选错不得分。

得 20~27 分：已经具有较强的个人信息保护意识，懂得保护个人信息的重要性，有一定的个人信息保护经历。

得 10~19 分：有一定的个人信息保护意识，有一些个人信息保护经历，但有必要更深入地学习个人信息保护的知识。

得 9 分以下（含9分）：缺乏个人信息保护意识，有待加强此方面的学习。

过程活动

问题情境

课前活动的调查你得了多少分?根据你的调查结果,我们一起来学习公民个人信息的相关知识,分析泄露个人信息对我们工作、生活有哪些隐患,如何保护个人信息。

🔍 搜集:常见的个人信息类型

个人信息是指可以用来识别特定个人身份的任何数据或信息。个人信息的范围广泛,根据具体情况不同会有所变化。保护个人信息的重要性在于防止个人隐私被侵犯,降低因个人信息被滥用和不当利用造成的风险。

(1)常见的个人信息类型如下。

①姓名:包括姓氏和名字。

②身份证号码:身份证号码作为一个唯一的标识符,可以用来确认个人身份。

③联系方式:包括手机号码、家庭住址、电子邮箱地址等联系方式。

④社交媒体账户:例如微博、QQ等社交媒体账户的用户名或个人资料等信息。

⑤银行和金融账户信息:包括银行账号、信用卡号码、支付宝账户等财务信息。

(2)你还能搜集到哪些常见的个人信息类型?

① _____。
② _____。
③ _____。
④ _____。
⑤ _____。

📞 访问

到社区进行采访,了解社区居民的有关个人信息保护的经验,听取他们的建议,并将采访结果填在表3-1中。

表3-1 社区采访情况

采访对象	个人信息保护的经验	建议

"智慧"财经素养活动学习指导教程

📰 **分析**：泄露个人信息对我们的工作、生活有哪些隐患？

案例一

A某登录个人所得税App查询信息时发现自己并没有在某公司任职，却有该公司的个人所得税申报记录。经查询原来是A某的个人信息被不法分子获取用以办理个税申报。

案例二

B某一直在领取失业救济金，近期突然收到社保机关的通知，称由于在领取失业救济金期间有工资收入和纳税申报记录，需要退回已经领取的失业救济金。经B某查询，原来是自己的个人信息被不法分子获取用以办理涉税业务。

案例三

个人身份信息泄露后可能会被别有用心者用来做以下两件事：
（1）注册公司，登记为法定代表人；
（2）登记为其他公司的财务负责人或办税人员。

（1）请分析，以上三个案例有什么共同特征？

（2）这类情况会造成哪些危害？

☕ **讨论**：如何保护自己的个人信息？

> 凡是能注册的，我都去注册攒积分

> 我可不敢乱注册，怕泄漏我的个人信息

💡 我的观点：

💡 同学观点：

资料卡

保护个人信息的建议

在数字化时代，保护个人信息非常重要，以下是一些关于保护个人财物及信息的建议。

（1）强密码。使用强密码来保护你的在线账户，如使用包含字母、数字和符号的组合密码，并定期更改密码。

（2）多因素身份验证。启用多因素身份验证，例如短信验证码或指纹识别，增加账户的安全性。

（3）避免使用公共网络时进行敏感信息操作。使用公共无线网络时要慎重操作，避免在未加密的网络上进行敏感信息的传输。

（4）注意钓鱼邮件和欺诈电话。不要点击可疑的链接或下载未知来源的附件。当接到可疑电话时，要注意核实对方身份。

（5）定期备份数据。定期备份重要文件和数据，以防止丢失或被恶意软件攻击。

（6）定期检查银行和信用卡账户。定期检查银行和信用卡账户，如发现异常交易，要及时报告给银行或信用卡公司。

（7）避免分享个人信息。日常生活中，小心保护你的个人信息，如身份证号码、银行账号等，避免在不必要的情况下分享这些信息。

（8）及时更新软件和防病毒软件。经常更新你的电脑或手机的操作系统、应用程序和安全软件，以获得最新的安全防护。

（9）谨慎使用社交媒体。在社交媒体上分享个人信息时要谨慎，最好限制可见性，做好隐私权限设置。

（10）网络安全教育。要经常了解最新的网络安全威胁和诈骗手段，通过网络安全教育提高自己的警惕性。

记住，个人财物及信息保护是一个持续的过程，需要不断的关注和努力来保护自己的利益。如发现异常，请及时采取措施并向相关机构报告。

探索实践

体验：个人信息泄露测试活动

目的：通过扫码抽奖活动帮助参与者了解个人信息泄露的风险，提高保护个人信息的意识。

游戏关卡如下。

关卡1	关卡2	关卡3	关卡4
小组讨论：哪些个人信息需要保护？	测试试验：扫码抽奖。	结果评估，活动分享： （1）说说你在活动中填写了哪些个人信息？ （2）分享一些实用的信息安全技巧和建议，让参与者了解如何保护自己的个人信息和隐私。	活动小结：回顾游戏中的经历，总结学到的关于信息保护的知识。

🌐 分享：实用的信息安全技巧和建议

（1）活动中你填写的个人信息有：_____
_____
_____
_____。

（2）你的实用信息安全技巧和建议有：_____
_____
_____
_____。

拓展阅读

《中华人民共和国个人信息保护法》。

学习情境二　网络安全

课前活动

阅读一组来自中国新闻网的数据：2023年4月，北京市公安局召开新闻发布会，通报2023年一季度5类高发的电信网络诈骗数据，如表3-2所示。

表 3-2　2023 年一季度 5 类高发的电信网络诈骗数据

排名	电信网络诈骗 手段	电信网络诈骗 特征	占比
1	刷单返利类	犯罪嫌疑人通过网页、社交类或短视频类等平台，发布刷销量、刷粉丝量、刷点赞量等虚假任务，通过加微信或 QQ 好友与群众建立联系，引诱群众进行网络兼职刷单，犯罪嫌疑人先以小额返利让群众尝到甜头并信以为真，当刷单交易额变大后，犯罪嫌疑人再以刷更多的单返更多的钱为由引诱群众持续投入资金实施诈骗	37.12%
2	虚假购物服务类	犯罪嫌疑人通过网页、短信、电话等形式发布买卖物品和提供服务的虚假信息，以优惠打折、低价出售或以缴纳定金、保证金等为由吸引群众，在群众付款后，犯罪嫌疑人会切断与群众的联系，不发货、不提供服务，实施诈骗	16.36%
3	虚假征信类	犯罪嫌疑人冒充银行、网贷、互联网金融平台的工作人员，谎称群众的信用卡、互联网消费信贷服务等信用支付工具有不良记录，不消除会影响个人征信，以能够帮助群众注销账号、消除记录为由，诱骗群众转账汇款实施诈骗	11.24%
4	网络投资平台类	犯罪嫌疑人以证券或投资公司的名义通过网络、电话等形式散布虚假个股的内幕信息及走势，吸引群众加入微信群聊等社交平台和虚假的交易平台，通过虚假注资、人为操控等方式，使群众在虚假的交易平台内大额亏损实施诈骗	8.91%
5	裸聊敲诈勒索类	犯罪嫌疑人通过添加群众的微信或 QQ 好友，引导群众下载安装特定社交软件，窃取群众的手机通信录；通过拉近感情，以网络"裸聊"引诱群众，再以发布群众"裸聊"视频来恐吓群众，敲诈钱财实施犯罪	8.81%

请思考分析：以上不同的诈骗手段，有什么共同特征？

过程活动

问题情境

根据 2023 年一季度 5 类电信网络诈骗的共同特征，我们来一起学习并了解网络中存在的安全隐患，以及如何避免上当受骗。

了解：网络安全

网络安全（Cyber Security）是指网络系统的硬件、软件及其系统中的数据受到保护，不因偶然的或者恶意的原因遭受破坏、更改、泄露，系统连续可靠正常地运行，网络服务不中断。常见的网络安全隐患如表3-3所示。

表3-3 常见的网络安全隐患

网络安全隐患	概念	目的
系统漏洞	电脑系统漏洞的危险主要来自网络攻击。不法分子会利用电脑系统存在的安全隐患及漏洞，对电脑的硬件、软件进行攻击，从而达到窃取或破坏重要数据的目的	窃取或破坏重要数据
钓鱼网站	钓鱼网站是仿冒网页诈骗中最常见的方式之一，常以垃圾邮件、即时聊天、手机短信或虚假广告等方式进行传播。用户访问钓鱼网站后，可能被窃取账号、密码等个人信息	窃取账号、密码等个人信息
山寨软件	山寨软件经常会模仿一些知名软件来吸引用户下载、安装，一旦得逞，山寨软件会通过开启后台权限等方式，偷偷收集用户的位置信息、通话记录、电话号码等敏感信息，并将信息上传至服务器	收集用户的位置信息、通话记录、电话号码等敏感信息，并将信息上传至服务器
虚假免费 Wi-Fi	为了节约流量，一些用户出门在外时会选择连接周边的免费 Wi-Fi，这就给不法分子留下了可乘之机，一些不法分子会通过设备来窃取连接他们 Wi-Fi 的用户的信息和数据	窃取信息和数据

搜集：网络中存在的其他安全隐患

上网或查阅相关图书，了解网络中存在的其他安全隐患。

（1）_____。
（2）_____。
（3）_____。
（4）_____。
（5）_____。
（6）_____。

调查：网络行为习惯

思考自己上网或使用手机的习惯，完成表 3-4 中的调研问题。

表 3-4　网络行为习惯调研

网络行为习惯	选项
浏览陌生人发送的网页	□经常（1分）　□偶尔（3分）　□没有（5分）
点击群中陌生人发的红包链接	□经常（1分）　□偶尔（3分）　□没有（5分）
用 360 软件杀毒	□经常（5分）　□偶尔（3分）　□没有（1分）
密码的设置很复杂	□经常（5分）　□偶尔（3分）　□没有（1分）
删除上网痕迹	□经常（5分）　□偶尔（3分）　□没有（1分）

说明：

得 20~25 分：已经养成了良好的网络行为习惯，懂得保护个人信息，有一定的个人信息保护经验。

得 7~19 分：有一定的网络行为习惯，有一些个人信息保护经验，有必要更深入地学习网络安全知识。

得 6 分以下（含 6 分）：缺乏网络行为习惯，无个人信息保护意识，有待加强对网络安全知识的学习。

分析

根据调查结果，分析一下如何加强网络安全意识。

良好的网络行为：_____。

不良的网络行为：_____。

建议：_____。

交流：如何预防电信网络诈骗？

电信诈骗是指犯罪分子借助手机、固定电话、网络等通信工具和现代网银技术实施的非接触式的诈骗犯罪。随着"互联网+"和经济的发展，网络安全对于个人的经济安全、隐私权、信用和声誉具有十分重要的意义。那么，我们应该如何预防电信网络诈骗呢？请与同学交流以下问题。

（1）你受骗上当过吗？

（2）为什么有那么多人民群众上当受骗呢？

（3）常见电信诈骗手段有哪些？

（4）如何预防电信网络诈骗？

资料卡

一、电信网络诈骗的常见手段

（1）网络贷款诈骗。

（2）刷单返利诈骗。

（3）注销"校园贷"诈骗。

（4）冒充电商物流客服诈骗。

（5）冒充熟人或领导诈骗。

（6）冒充"公检法"诈骗。

（7）网络游戏虚假交易诈骗。

（8）虚假购物诈骗。

二、识别并防范电信诈骗

公安机关提醒广大群众，千万不要轻信来历不明的电话、短信，不要轻易透露自己的身份证和银行卡信息，如果有疑问，可以及时打电话向公安机关求证，或者向亲友、记者以及相关经验较丰富的人询问、核实。

> 诈骗手法千变万化，但万变不离其宗，我们要牢记"三不一多"原则。

未知链接不点击，陌生来电不轻信，
个人信息不透漏，转账汇款多核实。

三、七大反诈利器

（1）国家反诈中心 App。

（2）96110 预警劝阻专线。

（3）12381 涉诈预警劝阻短信。

（4）全国移动电话卡"一证通查"。

（5）云闪付 App"一键查卡"。

（6）反诈名片。

（7）全国互联网账号"一证通查 2.0"。

四、人民币鉴别

第五套人民币于 1999 年 10 月 1 日正式发行，包括 1 角、5 角、1 元、5 元、10 元、20 元、50 元和 100 元 8 种面额，其中，1 元有纸币、硬币 2 种。目前，第 5 套人民币已发行了多个版本。

假人民币是指仿照真人民币的纸张、图案、水印、安全线等特征，利用各种技术手段非法制作的伪币，假币的种类包括伪造币和变造币。

鉴定假币的方法有看，摸，听，测。

以"看"为例，鉴别人民币的真伪需要看人民币的水印、光变油墨数字、安全线、隐形面额数字、红蓝彩色纤维、冠字号码、阴阳互补对印图案等。

针对假币的处理，目前有以下几种收缴方法。

（1）金融机构在办理业务时发现假币的，由该金融机构两名以上业务人员当面予以收缴。

（2）对假人民币纸币，应当面加盖"假币"字样的戳记。

（3）收缴假币的金融机构（以下简称"收缴单位"）向假币持有人出具中国人民银行统一印制的假币收缴凭证，并告知持有人如对被收缴的货币真伪有异议，可向中国人民银行当地分支机构或中国人民银行授权的当地鉴定机构申请鉴定。

《中华人民共和国刑法》第一百七十二条规定：明知是伪造的货币而持有、使用，数额较大的，处三年以下有期徒刑或者拘役，并处或者单处一万元以上十万元以下罚金；数额巨大的，处三年以上十年以下有期徒刑，并处二万元以上二十万元以下罚金；数额特别巨大的，处十年以上有期徒刑，并处五万元以上五十万元以下罚金或者没收财产。

《中华人民共和国中国人民银行法》第四十三条规定：购买伪造、变造的人民币或者明知是伪造、变造的人民币而持有、使用，构成犯罪的，依法追究刑事责任；尚不构成犯罪的，由公安机关处十五日以下拘留、一万元以下罚款。

五、反洗钱

洗钱，是指通过各种方式掩饰、隐瞒毒品犯罪、黑社会性质的组织犯罪、恐怖活动犯罪、走私犯罪、贪污贿赂犯罪、破坏金融管理秩序犯罪等犯罪所得及其收益的来源和性质的活动。

常见的洗钱途径十分广泛，涉及银行、保险、证券、房地产等各种领域。反洗钱是政府动用立法、司法力量，调动有关的组织和商业机构对可能的洗钱活动予以识别，对有关款项予以处置，对相关机构和人士予以惩罚，从而阻止犯罪活动的一项系统工程。

《中华人民共和国反洗钱法》第四条规定：国务院反洗钱行政主管部门负责全国的反洗钱监督管理工作。国务院有关部门、机构在各自的职责范围内履行反洗钱监督管理职责。

六、《中华人民共和国网络安全法》

《中华人民共和国网络安全法》是为了保障网络安全，维护网络空间主权和国家安全、社会公共利益，保护公民、法人和其他组织的合法权益，促进经济社会信息化健康发展而制定的法律。

《中华人民共和国网络安全法》包括总则、网络安全支持与促进、网络运行安全、网络信息安全、监测预警与应急处置、法律责任和附则，共7章，79条。自2017年6月1日起正式施行。

《中华人民共和国网络安全法》有哪些重要的知识点？

要点一：不得出售个人信息。

第四十条　网络运营者应当对其收集的用户信息严格保密，并建立健全用户信息保护制度。

第四十一条　网络运营者收集、使用个人信息，应当遵循合法、正当、必要的原则，公开收集、使用规则，明示收集、使用信息的目的、方式和范围，并经被收集者同意。

网络运营者不得收集与其提供的服务无关的个人信息，不得违反法律、行政法规的规定和双方的约定收集、使用个人信息，并应当依照法律、行政法规的规定和与用户的约定，处理其保存的个人信息。

第四十二条　网络运营者不得泄露、篡改、毁损其收集的个人信息；未经被收集者同意，不得向他人提供个人信息。但是，经过处理无法识别特定个人且不能复原的除外。

网络运营者应当采取技术措施和其他必要措施，确保其收集的个人信息安全，防止信息泄露、毁损、丢失。在发生或者可能发生个人信息泄露、毁损、丢失的情况时，应当立即采取补救措施，按照规定及时告知用户并向有关主管部门报告。

要点二：严厉打击网络诈骗。

第四十六条 任何个人和组织应当对其使用网络的行为负责，不得设立用于实施诈骗，传授犯罪方法，制作或者销售违禁物品、管制物品等违法犯罪活动的网站、通信群组，不得利用网络发布涉及实施诈骗，制作或者销售违禁物品、管制物品以及其他违法犯罪活动的信息。

要点三：以法律形式明确"网络实名制"。

第二十四条 网络运营者为用户办理网络接入、域名注册服务，办理固定电话、移动电话等入网手续，或者为用户提供信息发布、即时通信等服务，在与用户签订协议或者确认提供服务时，应当要求用户提供真实身份信息。用户不提供真实身份信息的，网络运营者不得为其提供相关服务。

国家实施网络可信身份战略，支持研究开发安全、方便的电子身份认证技术，推动不同电子身份认证之间的互认。

要点四：重点保护关键信息基础设施。

第三十一条 国家对公共通信和信息服务、能源、交通、水利、金融、公共服务、电子政务等重要行业和领域，以及其他一旦遭到破坏、丧失功能或者数据泄露，可能严重危害国家安全、国计民生、公共利益的关键信息基础设施，在网络安全等级保护制度的基础上，实行重点保护。关键信息基础设施的具体范围和安全保护办法由国务院制定。

国家鼓励关键信息基础设施以外的网络运营者自愿参与关键信息基础设施保护体系。

要点五：重大突发事件可采取"网络通信管制"。

《中华人民共和国网络安全法》中，对做好网络安全监测预警与应急处置工作专门做出规定，明确了发生网络安全事件时，有关部门需要采取的措施。

第五十八条 因维护国家安全和社会公共秩序，处置重大突发社会安全事件的需要，经国务院决定或者批准，可以在特定区域对网络通信采取限制等临时措施。

探索实践

制作

结合自己的实际情况，与同学制作一个防假反诈宣传宝典，提高识别网络诈骗的能力。

防假反诈宣传宝典中可以包括什么是电信网络诈骗、电信网络诈骗的常见形式、如何识别防范电信网络诈骗、遇到电信网络诈骗怎么办等内容，请发挥你的智慧，制作一个内容丰富的"宝典"吧。

防假反诈宣传宝典

🔊 **宣传**

向学校和社区发放防假反诈宝典，宣传预防网络诈骗相关知识。

总结

请围绕预防电信网络诈骗活动，分享防诈骗经验，并总结分享这次活动的教育意义。

预防电信网络诈骗活动的教育意义

拓展阅读

《中华人民共和国网络安全法》《中华人民共和国反洗钱法》《中国人民银行金融消费者权益保护实施办法》《反电信网络诈骗法查学用指引》。

学习情境三　个人信用

课前活动

阅读"立木为信"的故事，分享你的读后感。

立木为信

春秋战国时，秦国的商鞅在秦孝公的支持下主持变法。

当时天下正是战争频繁、人心惶惶之际，为了树立威信，推进改革，商鞅下令在都城南门外立一根三丈长的木头，并当众许下承诺：谁能把这根木头搬到北门，赏金十两。

围观的人不相信如此轻而易举的事能得到如此高的赏赐，所以没人肯出手一试。于是，商鞅将赏金提高到五十金。重赏之下必有勇夫，终于有人站起将木头扛到了北门，商鞅立即赏了他五十金。

商鞅这一举动，在百姓心中树立起了威信，所以商鞅接下来的变法就很快在秦国推广开了。新法使秦国渐渐强盛，最终完成了统一大业。

这个故事告诉我们：_____

_____

_____

_____

_____

过程活动

问题情境

人无信不立，业无信不兴，国无信则衰。孔夫子的"言必信，行必果"，古语中的"一诺千金""一言九鼎"都体现出信守承诺的重要。那么，我们在日常生活中会遇到哪些征信不良的情况？不良信用记录对个人有什么影响？我们应如何建立良好的个人信用？

调查

请分别从个人消费贷款、信用卡透支贷款、支付宝花呗这三个方面对自己的家庭信用情况进行调查，完成表3-5。

表 3-5 家庭信用情况调查

家庭信用情况	调查结果（可多选）		
个人消费贷款	□有，是助学贷款 □有，是房产抵押贷款	□有，是住房贷款 □有，是小企业贷款	□有，是汽车贷款 □无
信用卡透支贷款	□有，无逾期	□有，有逾期	□无
支付宝花呗	□有，无逾期	□有，有逾期	□无
其他	□有，拖欠水电费	□有，拖欠话费	□无

分析

请根据调查结果分析一下自己的家庭信用情况。

合理运用信贷：_____。

不合理运用信贷：_____。

建议：_____。

交流

随着贷款和信用卡的发展，很多人对自己的征信情况越发重视，表3-6中列举了一些行为，你认为哪些行为会影响个人信用？

模块三　智慧识险

表 3-6　个人信用行为调研

个人信用行为	有无影响（请勾选）
不办信用卡，不与银行发生信贷关系	□有　□无
房贷、车贷月供累计 2~3 个月逾期或不还款	□有　□无
水、电、燃气费不按时交纳	□有　□无
被冒用身份证产生信用卡欠费记录	□有　□无
合规用卡、不外借信用卡，不利用信用卡套取资金	□有　□无
当账单地址、手机号码等信息发生变动，及时更新银行预留信息	□有　□无

结合上文，在日常生活中，可能造成征信不良的情况有：_____。

🔍 搜集：不良信用记录对个人的影响

（1）_____。
（2）_____。
（3）_____。
（4）_____。
（5）_____。
（6）_____。

📞 访问

到社区进行采访，了解社区居民查询不良信用记录的方法，听取他们的建议，并将采访结果填在表 3-7 中。

表 3-7　社区采访情况

采访对象	查询不良信用记录的方法	建议

☕ 讨论：如何养成良好的个人信用？

信用难得易失，它是我们过去履行承诺的正面记录，是一种人人可以尝试由自我管理的行为管理模式。在生活中，如果不能坚守自己的原则，那么长期积累的信用，很可能会因一时一事而失去。那么，我们应如何养成良好的个人信用？

- 不办信用卡，不与银行发生信贷关系
- 设置银行卡自动还款，不逾期还款
- 没钱还款时，我可申请延期
- 我会控制负债比例，也不轻易当贷款担保人

💡 我的观点：

💡 同学观点：

资料卡

一、消费者个人信用

1. 信用

看到"信用"二字，大家可能会立即将其与中华民族传统美德联系在一起。"言必信，行必果""一诺千金""一言九鼎"等，都体现着信守承诺的重要。

所谓信用，是指在个人之间、单位之间和商品交易之间形成的一种相互信任的生产关系和社会关系。《牛津法律大辞典》的解释是："信用（Credit），指在得到或提供货物或服务后并不立即而是允诺在将来付给报酬的做法。"

按受信对象分类，信用可以分为公共（政府）信用、企业（包括工商企业和银行）信用和消费者信用。

2. 消费者信用

消费者信用是指消费者以对未来偿付的承诺为条件的商品或劳务的交易关系。

以信用的使用目的为标准，消费者信用可分为零售信用和现金信用等。

（1）零售信用。

零售信用是指零售商向消费者以赊销的方式提供产品与劳务，是消费者直接用来向零售商购买最终产品的一种交易媒介。通过这种方式，企业或零售商增加了销售额，争取了更多的消费者。在现代市场经济条件下，零售信用已经成为市场竞争的一种手段。

零售信用具体可以划分为循环信用、分期付款信用以及服务信用。

（2）现金信用。

现金信用即现金贷款。当消费者出于各种原因需要现金，都可以向金融机构申请贷款，消费者得到的是现金，授信主体是金融机构。

因偿还方式不同，现金信用可以分为分期付款贷款、单笔付款贷款及一般用途信用卡三种。

（3）零售信用和现金信用的用途。

零售信用将交易限定在具体的商品上；现金信用则可以用于消费者购买的任意商品以及更广泛的用途。

二、信用不良

1. 造成征信不良的几种情况

（1）信用卡使用情况。

①信用卡连续3次（或两年内累计6次）逾期还款。

②睡眠信用卡激活后不使用也会有年费，不缴纳年费可能产生负面信用记录，因此，办卡时一定要弄清楚年费收取规则。

③个人信用卡出现套现行为。

④信用卡透支消费、按揭贷款没有及时按期还款。

⑤被冒用身份证产生信用卡欠费记录，这种情况可以申诉。

（2）贷款、欠款还款情况。

①房贷、车贷月供累计2~3个月逾期或不还款。

②助学贷款拖欠不还款。

③逾期借款利率上调，但仍按原企额支付"月供"，产生欠息逾期。

④为第三方提供担保，但第三方没有按时偿还贷款。

⑤欠账等经济纠纷。

（3）日常生活缴费情况。

①水、电、燃气费不按时交款。

②手机扣费与银行卡绑定，手机停用但未注销且银行卡中无存款，导致欠月租费形成逾期。

2. 不良信用记录的严重性

对于"失信者"（长期不还逾期欠款、"逃废债"等）最高法院会公开失信黑名单，并通过当地电视台、法院官方平台公布失信者照片，还会采取以下措施。

（1）未来的融资、担保被拒绝，包括但不限于申请房贷、车贷、经营贷款、公司贷款、信用卡等，以及为他人提供担保。

（2）申请公务员考试、竞聘金融机构高级管理人员或其他职业、岗位时，会被拒绝。

（3）在日常出行、住宿、租房、商务合作等方面，会被对方拒绝。

（4）不良记录严重、被列入失信被执行人的，会被限制高消费，个人资产会被查封（银行账户被冻结），本人或子女出国留学等会被拒绝。

除此之外，还有很多负面影响，比如不能担任重要的工作岗位，会被作为重点关注对象，被要求主动辞职，朋友会离开，等等。

三、保持良好信用的措施

为了降低个人信用风险，可以采取以下措施。

（1）建立健康的财务管理习惯，合理规划个人收入和支出，及时偿还债务，量入为出，避免过度借贷。

（2）定期检查个人信用报告，了解自己的信用状况（每人一年有两次免费查询机会），监控个人信用记录，以便及时纠正错误信息或发现异常情况。

（3）维护个人信息安全，保护个人身份证件、银行账号和其他敏感信息，避免身份信息被盗窃或遭遇欺诈行为。当自己的账单地址、手机号码等信息发生变动，需及时更新银行预留信息，保证自己能及时收到卡函、对账单和提醒短信。

（4）遵守金融交易规则，按时还款（包括信用卡账单、车贷、房贷、水、电、燃气费等），不产生违约或逾期行为，保证个人信用"零污点"，遵守合同条款和金融交易规则。

（5）合规用卡，不外借信用卡，不利用信用卡套取资金；不将信用卡用于经营性活动、融资投资、理财及房产类交易，不购买境外具有资本项目投资性质的保险，否则产生的风险自行承担。

（6）提高金融知识和风险意识，了解各种金融产品和交易的风险，做出理智的决策。

四、个人信用报告

1. 什么是个人信用报告

个人信用报告是由中国人民银行个人征信机构对个人信用信息进行采集加工后形成的个人信用评估及报告文件。个人信用报告包括向商业银行等金融机构借款的笔数、金额以及还款情况，信用卡的张数、授信额度、使用情况及还款情况，是个人的"经济身份证"。不良

信用记录就是个人信用报告中对个人信用有负面影响的历史记录。

2. 个人信用报告由谁提供

个人信用报告主要由中国人民银行征信中心负责提供。

3. 个人信用报告记录了哪些内容

个人信用报告主要记录了以下信息。

（1）个人基本信息：包括个人的姓名、证件类型以及号码、通信地址、联系方式、婚姻状况、居住信息、职业信息等。

（2）信贷信息：主要指贷款信息和信用卡信息。贷款信息包括贷款银行、贷款种类、贷款金额、贷款期限、过去24个月的还款记录；信用卡信息包括发卡银行、授信额度、额度使用情况、实际还款记录、过去24个月的还款记录（包括正常和逾期）等，以及为他人担保的信息等。

（3）信贷领域以外的信用信息：包括缴纳电信、水、电、燃气等公用事业服务费的信息。

（4）其他信息：包括个人欠税、法院民事案件和强制执行信息等。

（5）信用报告查询记录：记录什么人在什么时间因为什么原因查询了自己的信用记录。

个人信用报告是个人信贷交易信息的记录单，是对客观事实的记录。需要指出的是，征信机构采集的信息都是个人在经济金融活动中产生的信用信息，对于一些与信用无关的信息，比如个人的宗教信仰、基因、指纹、血型、疾病和病史信息等，征信机构是不采集的。

4. 个人能否查询自己的信用报告

根据《征信业管理条例》的规定，个人每年有两次免费获取本人信用报告的权利。注意，不可经常查询征信，多次查询也会对个人信用造成不良影响。

5. 如何查看个人信用报告

方法一：现场查询。携带身份证到本人所在地的中国人民银行分支机构查询。

方法二：网上查询。登录中国人民银行征信中心官网（http://www.pbccrc.org.cn）查询。

探索实践

体验

结合自己家庭的实际情况，与父母一起制定一个合理利用家庭信贷方式来提高家庭生活质量的信贷方案。

第一步，确认自己家庭的年可支配收入。

第二步，制定家庭信贷方案的思路。

"智慧"财经素养活动学习指导教程

第三步，制定家庭信贷方案。

请根据以上三个步骤与父母一起制定一个合理的家庭信贷方案。

（1）我家年可支配收入为：_____元／年。

（2）家庭信贷方案的制定思路。

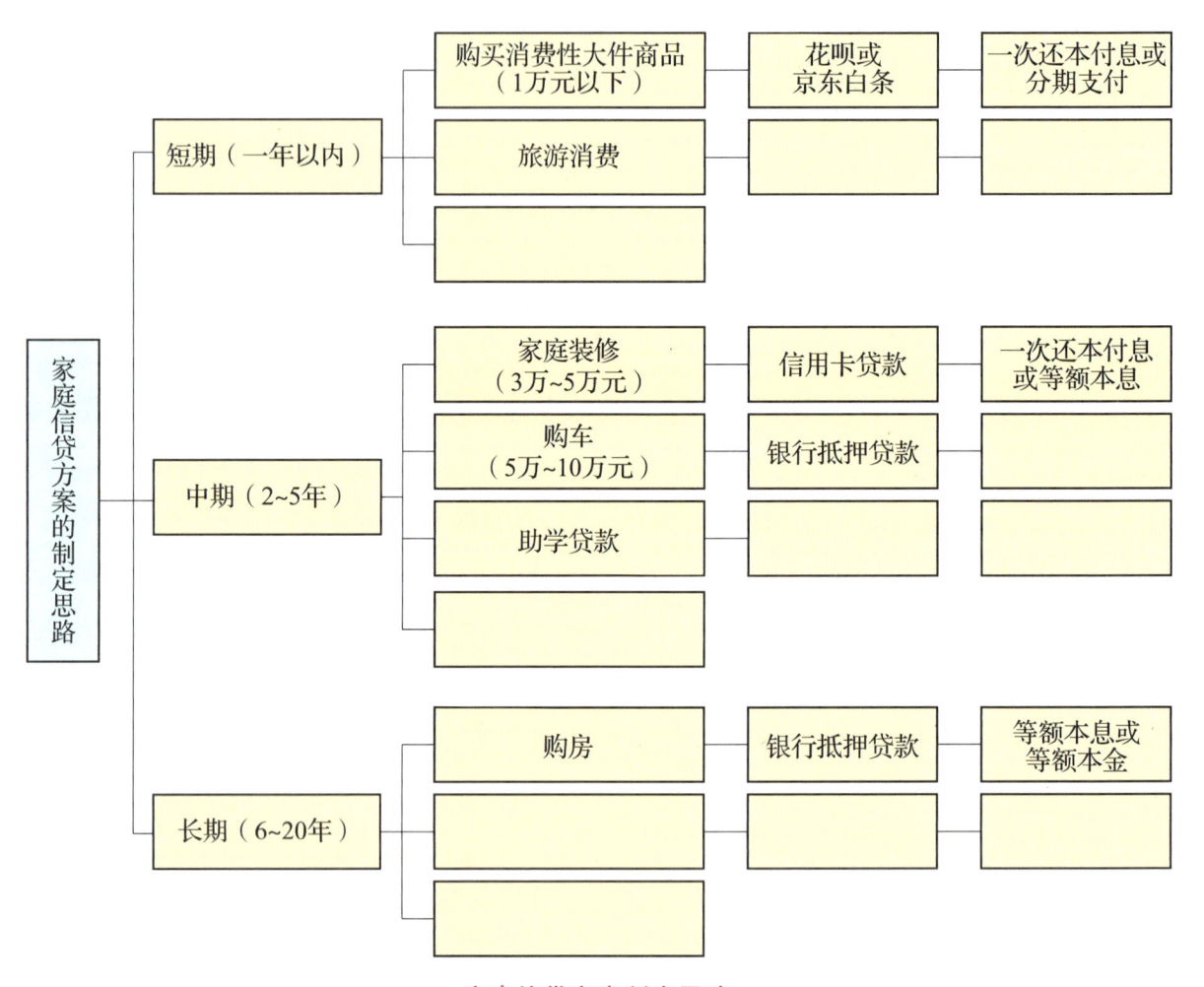

家庭信贷方案的制定思路：

- 短期（一年以内）
  - 购买消费性大件商品（1万元以下）— 花呗或京东白条 — 一次还本付息或分期支付
  - 旅游消费
- 中期（2~5年）
  - 家庭装修（3万~5万元）— 信用卡贷款 — 一次还本付息或等额本息
  - 购车（5万~10万元）— 银行抵押贷款
  - 助学贷款
- 长期（6~20年）
  - 购房 — 银行抵押贷款 — 等额本息或等额本金

家庭信贷方案制定思路

温馨提示

①银行常用还款方式。

等额本息：指在还款期内，每月偿还同等数额的贷款（包括本金和利息）。

等额本金：指在还款期内，每个月的还款本金是固定的，但利息是不固定的，首月的利息最高，然后逐月减少。

②家庭信贷决策需注意问题。

贷款时，必须考虑贷款利率；要避免"不当举债"；不要丧失人格；可以学习犹太人的"借鸡生蛋"思维；预期投资的回报率要高于贷款利率；当投资出现损失时，要有近期偿还贷款本息的能力。

（3）根据家庭信贷方案的制定思路，结合家庭情况，制定提高家庭生活质量的信贷方案，填在表 3-8 中。

表 3-8　提高家庭生活质量的信贷方案

序号	贷款期限	家庭消费行为	信用方式	还款方式	备注
1	6 个月	85 英寸彩电	京东白条	到期付款	
2					
3					
4					
5					
6					
7					

拓展活动

与父母一起登录中国人民银行征信中心官网（http://www.pbccrc.org.cn）查询父亲或母亲的个人信用报告。个人信用报告（样张）如下。

个人信用报告（样张）

学习情境四　金融风险种类及规避方法

课前活动

扫一扫，观看《银行卡里藏着的金融和安全风险》的小视频。

写一写：视频中提到了哪些隐藏在银行卡里的金融和安全风险？

银行卡里藏着的金融和安全风险

银行卡里藏着的金融和安全风险

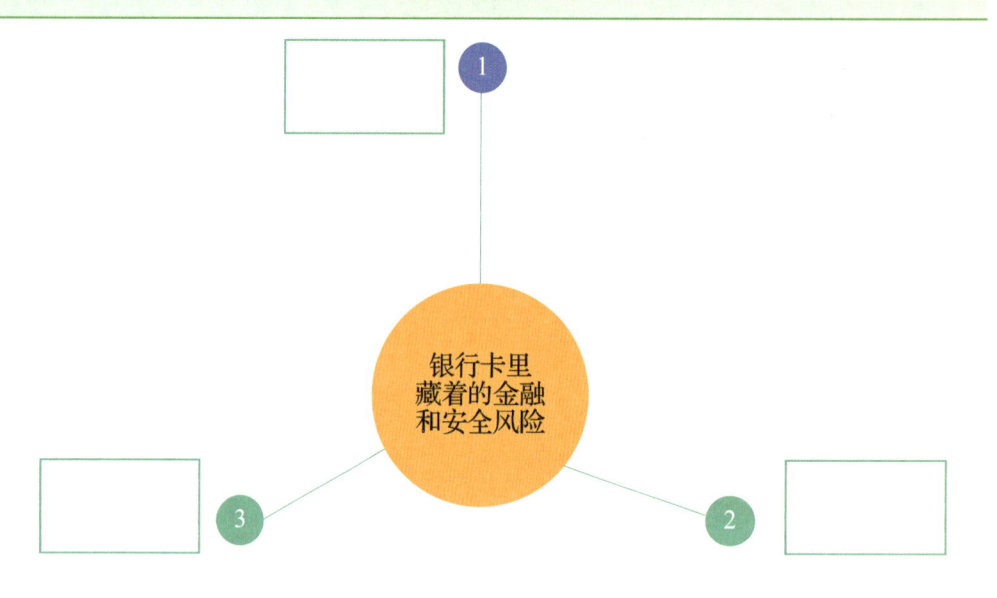

过程活动

问题情境

近几年，股票、基金等金融市场风云变幻，小明父母想利用手上的一些存款进行投资，但又担心投资后会亏损。请你帮小明了解一下金融市场上有哪些常见的风险？我们如何在充满变数的市场中，有效规避金融风险呢？

🔍 **搜集：常见的金融风险种类及其具体分类**

金融风险是指在金融市场中，由于市场波动、金融工具价格变动、信用风险等原因导致的潜在损失。

上网或查阅相关图书，了解常见的金融风险种类及其具体分类，完成表3-9。

表3-9 常见的金融风险种类及分类

常见的金融风险种类	概念	具体分类
市场风险	市场风险是指由于基础资产市场价格的不利变动或者急剧波动导致衍生工具价格或者价值变动的风险。基础资产的市场价格变动包括市场利率、汇率、股票、债券行情等的变动	
信用风险		
流动性风险		

访问

到社区进行采访，了解社区居民遇到的金融风险和规避金融风险的经验，并将采访结果填在表3-10中。

表3-10 社区采访情况

采访对象	遇到的金融风险	规避金融风险的经验

讨论：如何规避金融风险

风险规避是指通过采取一系列措施来减小或消除风险的潜在影响。

- 通过多种不同类型的投资来分散风险，减小整体投资的风险
- 密切关注市场波动情况，及时做出调整
- 在面临意外支出或投资出现亏损时，及时调整预算计划，保证自己的收支平衡

我的观点：

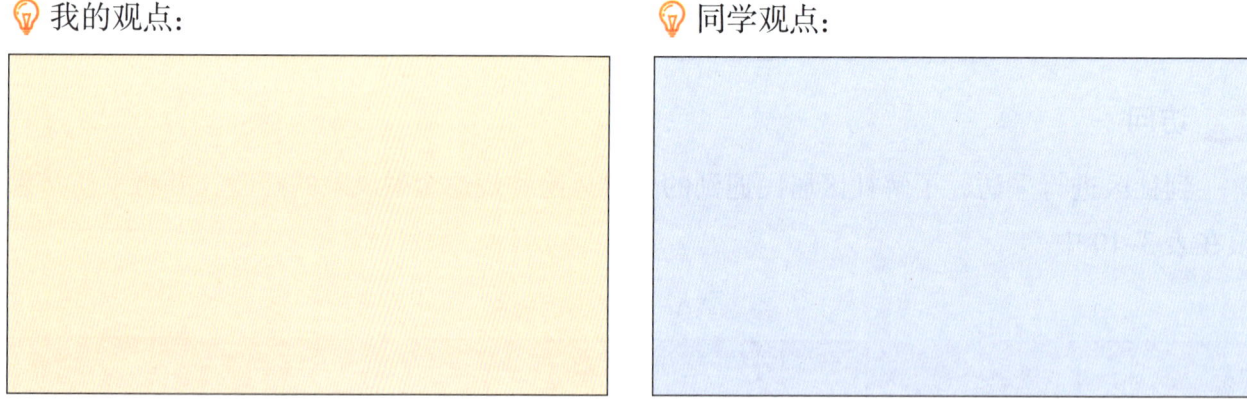

同学观点：

资料卡

风险规避是风险应对的一种方法，是指通过有计划的变更来消除风险或风险发生的条件，保护目标免受风险的影响。风险规避并不意味着完全消除风险，我们所要规避的是风险可能给我们造成的损失。风险规避一是要降低损失发生的概率，这主要是采取事先控制措施；二是要降低损失程度，这主要包括事先控制、事后补救两个方面。

一、风险规避的类别

（1）完全规避风险，即通过放弃或拒绝合作、停止业务活动来回避风险源。这种规避方式虽然可以避免潜在的或不确定的损失，但也会丧失获得利益的机会。

（2）控制风险损失，即通过降低损失发生的概率来降低损失的程度。

（3）转移风险，即将自身可能的潜在损失以一定的方式转移给对方或第三方。

（4）自留风险。这种规避方式可以是被动的，也可以是主动的，可以是无意识的，也可以是有意识的。因为有时完全回避风险是不可能或明显不利的，这时，采取有计划的风险自留不失为一种规避风险的方式。

二、风险规避的方法

风险控制	风险转嫁	回避方法
①国际经营的多样化； ②分散筹资； ③本币计价； ④平衡抵销法； ⑤组合配对法； ⑥对等贸易法。	①出口、借贷资本输出尽量用硬通货，进口、借贷资本输入尽量用软通货； ②远期外汇买卖； ③外汇期权交易； ④采用提前或延期结汇； ⑤利用"福费廷"交易； ⑥风险的保险。	①谈判中货币的选择； ②货币保值。

三、保险

保险，是指投保人根据合同约定，向保险人支付保险费，保险人对于合同约定的可能发生的事故因其发生所造成的财产损失承担赔偿保险金责任，或者被保险人死亡、伤残、疾病或者达到合同约定的年龄、期限等条件时承担给付保险金责任的商业保险行为。保险是一种常见的风险规避方法。

从经济角度看，保险是分摊意外事故损失的一种财务安排；从法律角度看，保险是一种合同行为，是一方同意补偿另一方损失的一种合同安排；从社会角度看，保险是社会经济保障制度的重要组成部分，是社会生产和社会生活"精巧的稳定器"；从风险管理角度看，保险是风险管理的一种方法。

1. 保险的分类

商业保险大致可分为人身保险、财产保险、信用保险和保证保险、责任保险等。

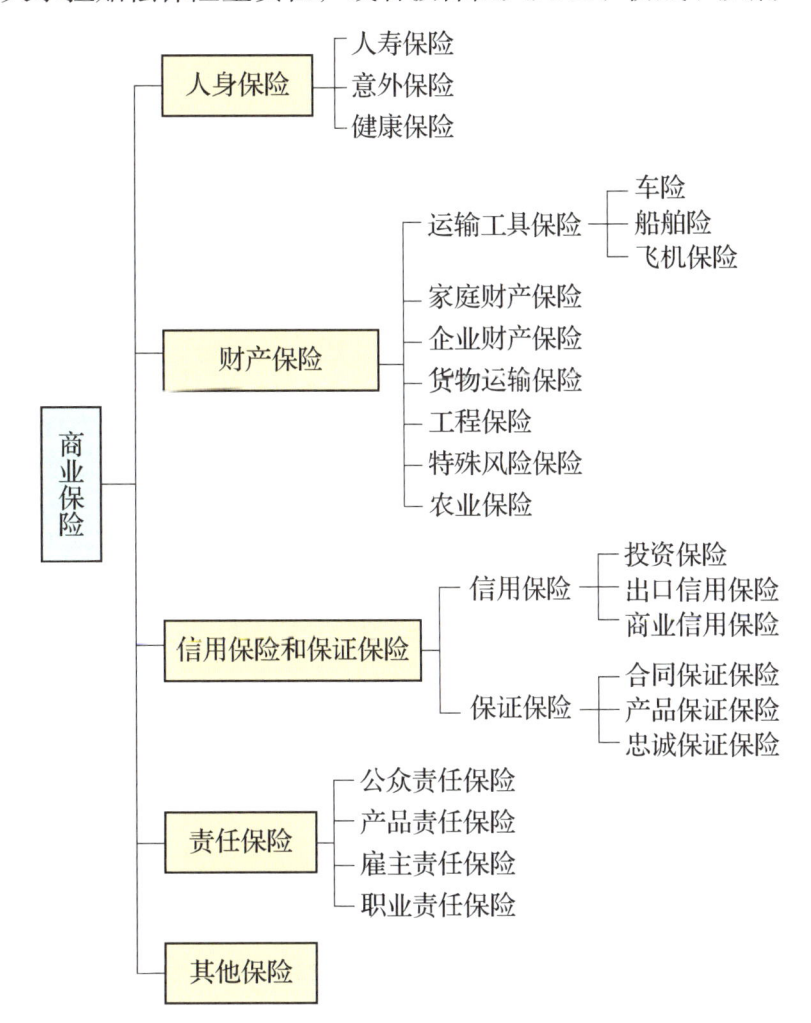

商业保险：
- 人身保险
  - 人寿保险
  - 意外保险
  - 健康保险
- 财产保险
  - 运输工具保险
    - 车险
    - 船舶险
    - 飞机保险
  - 家庭财产保险
  - 企业财产保险
  - 货物运输保险
  - 工程保险
  - 特殊风险保险
  - 农业保险
- 信用保险和保证保险
  - 信用保险
    - 投资保险
    - 出口信用保险
    - 商业信用保险
  - 保证保险
    - 合同保证保险
    - 产品保证保险
    - 忠诚保证保险
- 责任保险
  - 公众责任保险
  - 产品责任保险
  - 雇主责任保险
  - 职业责任保险
- 其他保险

在日常生活中，人身保险是最经常被提及的一种保险。

人身保险是以人的生命或身体为保险标的，是在被保险人的生命或身体发生保险事故或保险期满时，依照保险合同的规定，由保险人向被保险人或受益人给付保险金的保险形式。人身保险包括人寿保险、健康保险、人身意外伤害保险三种。

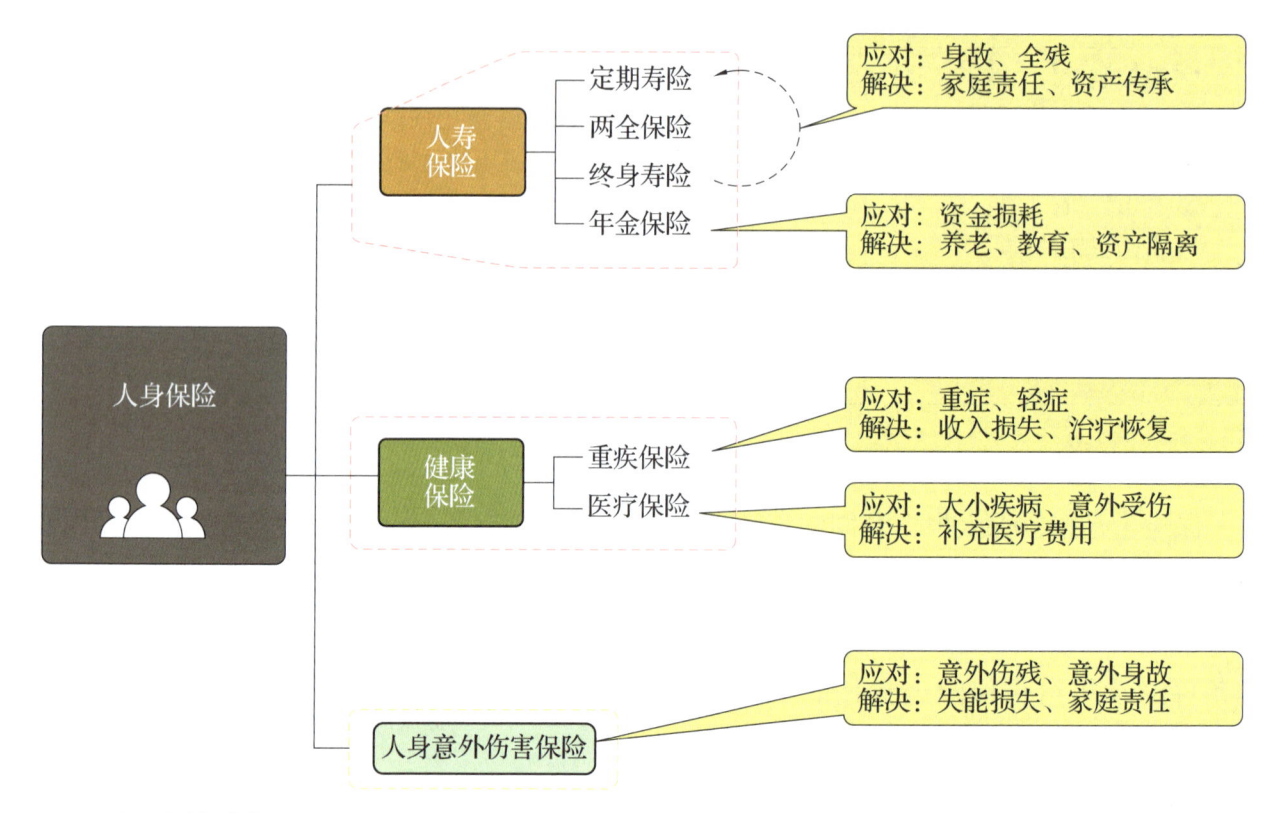

```
人身保险
├── 人寿保险
│   ├── 定期寿险
│   ├── 两全保险          应对：身故、全残
│   ├── 终身寿险          解决：家庭责任、资产传承
│   └── 年金保险          应对：资金损耗
│                        解决：养老、教育、资产隔离
├── 健康保险
│   ├── 重疾保险          应对：重症、轻症
│   │                    解决：收入损失、治疗恢复
│   └── 医疗保险          应对：大小疾病、意外受伤
│                        解决：补充医疗费用
└── 人身意外伤害保险      应对：意外伤残、意外身故
                         解决：失能损失、家庭责任
```

2. 保险的选择

（1）购买保险应该从自己的年龄、职业、家庭结构、经济收入等实际情况出发，力所能及地购买人身保险，保证自己既能够负担得起保费支出，也能够适当转移相关风险。

单身一族（18~30岁）：

首选综合意外医疗保险。这类保险费率低，并且可以针对意外提供高额身价保障，还能够附加意外医疗和住院医疗，能有效补充城镇医疗报销不足的空缺。

其次，根据自身情况适当选择补充重大疾病保险，转移未来可能出现的高额医疗费用带来的负担。

一般来说，未婚人士在保障类保险规划的支出以不超出自己年收入的20%为宜。

有家一族（24~35岁）：

对于家庭来说，在进行保险规划时，应当从基础开始规划。

首先，家庭的每一个成员都要有基础医疗保障、重大疾病保障。

其次，适当为孩子准备教育年金与婚嫁金（0~5岁是准备的最佳年龄）。

最后考虑的是养老年金的规划（40岁之前准备是最佳的年龄）。

当然，保险规划不是一蹴而就的，而是根据年龄阶段、收入阶段的变化不断规划的。

（2）经济收入不同，在规划保险时考虑的重点也不同。

年收入100万元以下的工薪家庭主要应考虑人身保障，转移意外、健康、养老、理财方

面的风险。

年收入 100 万元及以上非工薪的家庭主要考虑的则是资产安全问题，如资产的转移、资产的剥离、资产的传承等。

探索实践

体验

保险是现代人风险转嫁的"安全带"。请根据家庭情况，为家人推荐合适的保险，并将家庭成员和与其适用的保险种类连起来。

家庭成员	人身保险种类
	第一类：人寿保险
	定期寿险
	终身寿险
爷爷奶奶	两全保险
	年金保险
	第二类：人身意外伤害保险
	旅行意外伤害保险
	航空意外伤害保险
爸爸妈妈	第三类：健康保险
	重大疾病保险
	住院医疗保险
	手术保险
	意外伤害医疗保险
自己	收入损失保险

分享

（1）请针对你为不同家庭成员选择的保险种类，说明你的选择理由。

（2）关于家庭保险，你还有什么建议？

拓展阅读

《中华人民共和国中国人民银行法》、约翰·S·戈登《伟大的博弈》、索罗斯《超越金融》《金融炼金术》、约翰·珀金斯《一个经济杀手的自白》;电影《大空头》《大而不倒》《华尔街》《一步之遥》。

拓展活动

经过"智慧识险"这一模块的学习,我们已经掌握了个人信息、网络安全、个人信用、金融风险种类及规避方法等知识,你是不是意犹未尽,想再深入学习?那么,我们还可以探究哪些方面的内容呢?请你利用课外时间学习识别人民币中的防伪特征,完成下面的游戏。

游戏名:火眼金睛,识别人民币中的防伪特征。

游戏规则:在不同币值的人民币中找到各防伪标识。

总结评价

科技改变生活,创新引领未来,我们在享受科技带来的美好生活的同时,要坚持保护好个人的信息安全,建立良好的个人信用,规避风险,利用法律维护自己在网络空间的合法权益,增强防范意识,提高网络安全意识和防护技能。

我的活动成果	
我获得的知识	

我受到的启发	
我的反思	

模块四
智慧规划

苏格拉底认为，未经理性审视的生活是没有价值的，一个人只有真正认识了自己，才能认识自己的本性，完成自己的使命，成为一个有德性的人。我们对工作和职业生涯的规划，离不开对自己的认识和了解。

学习目标 →

【了解知识与事实】
- 能讲述行业和职业的相关知识，并讲解职业选择的技巧；
- 能了解岗位需求，并为自己未来职业做规划；
- 能说出搭建直播场景需要的设备、搭建方法、搭建技巧与注意事项；
- 能阐述产品的定价，掌握计算产品客单价的方法；
- 能掌握直播标题设计的方法，并做好一场直播的筹备工作。

【获取方法与技能】
- 通过网络或与成年人交流来获取行业和工作相关的信息并研究；
- 利用 MBTI 性格测试工具进行自我认知与评估；
- 能够灵活分配直播所需的设备、资金等；
- 能根据直播产品及主题设计直播互动方案；
- 能够设计单场、整场脚本并灵活运用各环节直播话术。

【形成观念与态度】
- 理解"劳动付出—获得收入—累积财富"的经济活动过程，养成劳动创造价值的观念；
- 形成积极的职业规划观与态度，增强职业素养；
- 培养学生的职业认知，同时提升团队协作能力；
- 增强学生的职业自豪感。

知识图谱

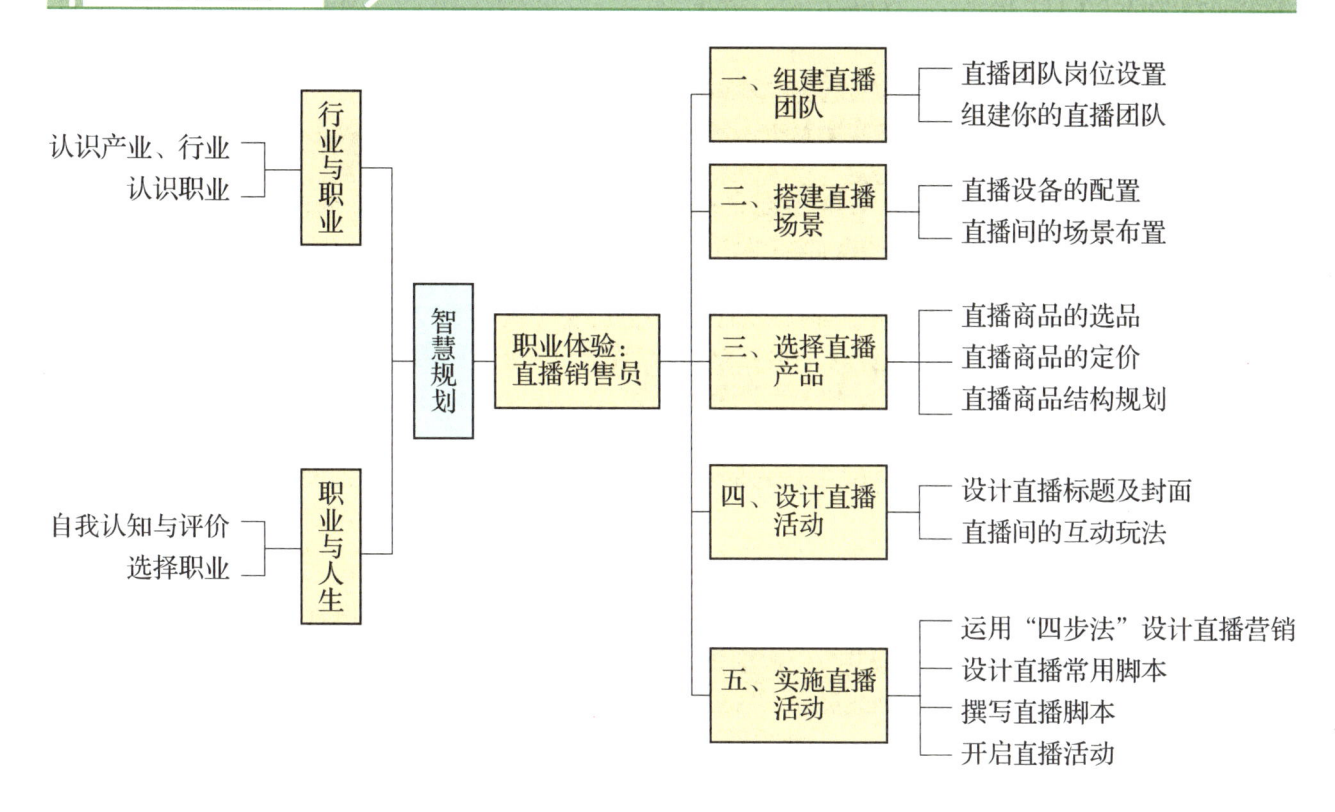

```
                              ┌─ 一、组建直播团队 ──┬─ 直播团队岗位设置
                              │                  └─ 组建你的直播团队
                              │
                              ├─ 二、搭建直播场景 ──┬─ 直播设备的配置
认识产业、行业 ─┐              │                  └─ 直播间的场景布置
认识职业      ├─ 行业与职业 ─┐ │
              ┘             │ ├─ 三、选择直播产品 ──┬─ 直播商品的选品
                  智慧规划 ──┤ │                  ├─ 直播商品的定价
              ┐             │ │                  └─ 直播商品结构规划
自我认知与评价 ├─ 职业与人生 ─┘ │
选择职业      ┘   职业体验：  ├─ 四、设计直播活动 ──┬─ 设计直播标题及封面
                  直播销售员  │                  └─ 直播间的互动玩法
                              │
                              └─ 五、实施直播活动 ──┬─ 运用"四步法"设计直播营销
                                                 ├─ 设计直播常用脚本
                                                 ├─ 撰写直播脚本
                                                 └─ 开启直播活动
```

学习情境一　行业与职业

课前活动

扫一扫，观看《致敬劳动者，感谢每一份"坚守"！》的小视频。

写一写：视频中提到了哪些职业？

致敬劳动者，感谢每一份"坚守"

"智慧"财经素养活动学习指导教程

过程活动

问题情境

疫情期间，小明在家从电视、电脑上看到医生、护士、警察、社区工作人员、快递员等人员不畏困难，为保护人民生命生活逆向而行，他很敬佩这些职业的工作人员，于是他问爸爸，这些职业分别属于哪些行业？我国哪些行业就业率比较高？如何了解一种职业？

🔍 **搜集：国内的行业分类及各行业发展情况**

（1）扫一扫，查阅"国民经济行业分类"。

写一写：将三大产业对应的行业分类填在表4-1中。

国民经济行业分类

表4-1 产业及对应行业分类

产业	行业分类
第一产业（农业）	
第二产业（工业）	
第三产业（服务业）	

（2）扫一扫，登录国家统计局网站。

登录国家统计局官方网站（https://data.stats.gov.cn/），在"年度数据"中的"就业人员和工资"指标中，查询以下数据。

①按三大产业分，将近三年各产业的就业人数填在表4-2中。

国家统计局官方网站

表4-2 近三年三大产业就业人数统计　　　　　　　　单位：万人

指标	2023年	2022年	2021年
就业人员			
第一产业就业人员			
第二产业就业人员			
第三产业就业人员			

从数据上看，第（　　）产业的就业人数最多。

②按行业分，将城镇单位就业人员平均工资前 10 类的行业填在表 4-3 中。

表 4-3　城镇单位就业人员工资前 10 类的行业

排序	行业	排序	行业
1		6	
2		7	
3		8	
4		9	
5		10	

交流

周末，请你询问并了解父母亲及家族中亲属的职业情况，并将他们的职业填写在家庭职业树上。

思考

纵观亲属的职业，回答以下问题。

（1）你的亲属中，从事什么职业的人最多？

（2）你想从事这种职业吗？你感兴趣的职业是什么？

（3）亲属如何形容他的职业？请将收集到的信息简要填写到表4-4中。

表4-4 亲属职业调研

亲属	职业名称	工作内容	能否胜任	工作是否愉快	是否会再次选择这个职业及原因	亲属的想法对自己的影响
爸爸			□是 □否	□是 □否	□是 □否 □原因_____	
妈妈			□是 □否	□是 □否	□是 □否 □原因_____	
爷爷			□是 □否	□是 □否	□是 □否 □原因_____	
奶奶			□是 □否	□是 □否	□是 □否 □原因_____	
外公			□是 □否	□是 □否	□是 □否 □原因_____	
外婆			□是 □否	□是 □否	□是 □否 □原因_____	
其他亲属			□是 □否	□是 □否	□是 □否 □原因_____	

（4）亲属对彼此职业感到满意或羡慕的原因有哪些？

资料卡

一、产业、行业

1.产业

产业是国民经济活动最基本的类型。

我国对三次产业的划分始于1985年。为适应国民生产总值统计的需要，国务院办公厅转发了国家统计局《关于建立第三产业统计的报告》，首次规定了我国三次产业的划分范围。2002年修订《国民经济行业分类》后，对原三次产业的划分范围进行了调整，制定了第二版《三次产业划分规定》。2011年，国家统计局在修订《国民经济行业分类》（GB/T 4754—2011）的基础上，制定了第三版《三次产业划分规定》。2018年，国家统计局又根据新颁布的《国民经济行业分类》（GB/T 4754—2017），对第三版《三次产业划分规定》进行了修订。

第一产业是指农、林、牧、渔业（不含农、林、牧、渔专业及辅助性活动）。

第二产业是指采矿业（不含开采专业及辅助性活动），制造业（不含金属制品、机械和设备修理业），电力、热力、燃气及水生产和供应业，建筑业。

第三产业即服务业，是指除第一产业、第二产业以外的其他行业。第三产业包括：批发和零售业，交通运输、仓储和邮政业，住宿和餐饮业，信息传输、软件和信息技术服务业，金融业，房地产业，租赁和商务服务业，科学研究和技术服务业，水利、环境和公共设施管理业，居民服务、修理和其他服务业，教育，卫生和社会工作，文化、体育和娱乐业，公共管理、社会保障和社会组织，国际组织，以及农、林、牧、渔业中的农、林、牧、渔专业及辅助性活动，采矿业中的开采专业及辅助性活动，制造业中的金属制品、机械和设备修理业。

三次产业的划分大致按照国民经济行业分类门类的顺序依次归类，其中比较特殊的是，将A门类"农、林、牧、渔业"中的大类"05农、林、牧、渔专业及辅助性活动"，B门类"采矿业"中的大类"11开采专业及辅助性活动"，C门类"制造业"中的大类"43金属制品、机械和设备修理业"等三个大类界定为第三产业。

2. 行业

行业是指从事相同性质的经济活动的所有单位的集合。行业分类是按照单位或者劳动者从事的经济活动进行的分类。

3. 产业、行业发展

任何一个行业的发展都会经历四个周期：起步期、成长期、成熟期、衰退期。

随着经济、数字化、智能化的发展，国内的产业结构也已经发生翻天覆地的变化，农业、工业、服务业逐渐实现自动化，越来越多的岗位被机器替代。

二、职业

职业是指人们为了谋生和发展而从事的相对稳定的、能获得经济收入及报酬的、专门类别的社会劳动。

职业是不同行业和组织中存在的一组类似的职位。常见的职业有：国家机关、党群组织工作人员，企事业单位负责人，专业技术人员，办事人员和有关人员，商业工作者，服务性工作人员，农、林、牧、渔、水利生产人员，警察及军人，生产、运输工人和有关人员，不便分类的人员。

深入了解职业的方法包括生涯人物访谈法，现场考察法（职业体验），书店、网络、电视查询法等。

探索实践

访问

到社区进行采访，了解社区居民从事的工作及工作经验，听取他们的建议，并将采访结果填在表4-5中。

表4-5 社区采访情况

采访对象	从事的工作及工作经验	建议

分析

通过分析家族成员、社区居民的职业和他们对职业的观点，你得到了哪些启发？哪些职业是你有所考虑的？

拓展阅读

《记住你是谁：15位哈佛教授震撼心灵的人生故事》。

学习情境二 职业与人生

课前活动

下面是国际最为流行的MBTI职业性格测试问卷，请你保持心态平和，在时间充足的情况下作答，从而认识和了解自己，对自己的职业选择做个评定。

本问卷共48题，每道题目均有A和B两个答案。请仔细阅读题目，按照选项与你性格相符的程度分别给A和B赋予0~5之间的一个分数，0为最不相符，5为非常符合，并使每道题目的两个分数之和为5。最后，将每道题目的赋分填在问卷后的答题纸上。

示例：

你参与社交聚会时

A. 总是能认识新朋友。（4）

B. 只跟几个亲密挚友待在一起。（1）

很明显，对于这道题目的赋分表明，"你"参与社交聚会时大多能认识新朋友，偶尔也会选择只跟几个亲密挚友待在一起，所以给"总是能认识新朋友"打了4分，给"只跟几个亲密挚友待在一起"打了1分。在不同的人看来，可能A、B两项的得分是3和2或者5和0，当然，也可以是其他的分值组合。

MBTI职业性格测试问卷

1. 当你遇到新朋友时，你

A. 说话的时间与聆听的时间相若　　　　　　　　　　　　　　　（　　）

B. 聆听的时间会比说话的时间多　　　　　　　　　　　　　　　（　　）

2. 下列哪一种是你的一般生活取向？

A. 只管做吧　　　　　　　　　　　　　　　　　　　　　　　　（　　）

B. 找出多种不同选择　　　　　　　　　　　　　　　　　　　　（　　）

3. 你喜欢自己的哪种性格？

A. 冷静而理性　　　　　　　　　　　　　　　　　　　　　　　（　　）

B. 热情而体谅　　　　　　　　　　　　　　　　　　　　　　　（　　）

4. 你擅长

A. 在有需要时，同时协调进行多项工作　　　　　　　　　　　　（　　）

B. 专注在某一项工作上，直至把它完成为止　　　　　　　　　　（　　）

5. 你参与社交聚会时

A. 总是能认识新朋友　　　　　　　　　　　　　　　　　　　　（　　）

B. 只跟几个亲密挚友待在一起　　　　　　　　　　　　　　　　（　　）

6. 当你尝试了解某些事物时，你一般会

A. 先了解细节　　　　　　　　　　　　　　　　　　　　　　　（　　）

B. 先了解整体情况，细节容后再谈　　　　　　　　　　　　　　（　　）

7. 你对哪方面比较感兴趣？

A. 知道别人的想法　　　　　　　　　　　　　　　　　　　　　（　　）

B. 知道别人的感受 (   )

8. 你较喜欢哪种工作?

A. 能让你迅速和即时做出反应的工作 (   )

B. 能让你定出目标，然后逐步达成目标的工作 (   )

下列哪一种说法较适合你?

9.

A. 当我与友人尽兴后，我会感到精力充沛，并会继续追求这种欢娱 (   )

B. 当我与友人尽兴后，我会感到疲累，觉得需要一些空间 (   )

10.

A. 我更有兴趣知道别人的经历，例如他们做过什么，认识什么人 (   )

B. 我更有兴趣知道别人的计划和梦想，例如他们会往哪里去，憧憬什么 (   )

11.

A. 我擅长制订一些可行的计划 (   )

B. 我擅长促成别人同意一些计划，并诚挚合作 (   )

12.

A. 我会突然尝试做某些事，看看会有什么事情发生 (   )

B. 我尝试做任何事之前，都想事先知道可能有什么事情发生 (   )

13.

A. 我经常边说话，边思考 (   )

B. 我在说话前，通常会思考要说的话 (   )

14.

A. 四周的环境对我很重要，而且会影响我的感受 (   )

B. 如果我喜欢所做的事情，环境对我而言并不是那么重要 (   )

15.

A. 我喜欢分析，心思缜密 (   )

B. 我对人感兴趣，关心他们所发生的事 (   )

16.

A. 即使已制订好计划，我也喜欢探讨其他新的方案 (   )

B. 一旦确定计划，我便希望能依计划行事 (   )

17.

A. 认识我的人，一般都知道什么对我来说是重要的 (   )

B. 除了我感觉亲近的人，我不会对其他人说出什么对我来说是重要的 (   )

18.
A. 如果我喜欢某种活动，我会经常进行这种活动　　　　　　　　　（　　）
B. 我一旦熟悉某种活动后，便希望转而尝试其他新的活动　　　　　（　　）

19.
A. 当我做决定的时候，我更多地考虑正反两面的观点，并且会推理与质证　（　　）
B. 当我做决定的时候，我会更多地了解其他人的想法，并希望能够达成共识　（　　）

20.
A. 当我专注做某件事情时，需要不时停下来休息　　　　　　　　　（　　）
B. 当我专注做某件事情时，不希望受到任何干扰　　　　　　　　　（　　）

21.
A. 我独处太久，便会感到不安　　　　　　　　　　　　　　　　（　　）
B. 若没有足够的独处时间，我会感到烦躁不安　　　　　　　　　　（　　）

22.
A. 我对一些没有实际用途的意念不感兴趣　　　　　　　　　　　　（　　）
B. 我喜欢意念本身，并享受想象意念的过程　　　　　　　　　　　（　　）

23.
A. 当进行谈判时，我依靠自己的知识和技巧　　　　　　　　　　　（　　）
B. 当进行谈判时，我会拉拢其他人至同一阵线　　　　　　　　　　（　　）

当你放假时，你多数会

24.
A. 随遇而安，做当时想做的事　　　　　　　　　　　　　　　　　（　　）
B. 为想做的事情制定时间表　　　　　　　　　　　　　　　　　　（　　）

25.
A. 花多些时间与别人共度　　　　　　　　　　　　　　　　　　　（　　）
B. 花多些时间自己阅读、散步或者发白日梦　　　　　　　　　　　（　　）

26.
A. 返回自己喜欢的地方度假　　　　　　　　　　　　　　　　　　（　　）
B. 选择前往一些自己从未到达的地方　　　　　　　　　　　　　　（　　）

27.
A. 带着一些与工作或学校有关的事情　　　　　　　　　　　　　　（　　）
B. 处理一些对你重要的人际关系　　　　　　　　　　　　　　　　（　　）

28.

A. 忘记平时发生的事情，专心享乐 （　　）

B. 想着假期过后要准备的事情 （　　）

29.

A. 参观著名景点 （　　）

B. 花时间逛博物馆和一些较为幽静的地方 （　　）

30.

A. 在喜欢的餐厅用餐 （　　）

B. 尝试新的菜式 （　　）

下列哪个说法能最贴切地形容你对自己的看法？

31.

A. 别人认为我会公正处事，并且尊重他人 （　　）

B. 别人相信在他们有需要时，我会在他们身边 （　　）

32.

A. 随机应变 （　　）

B. 按照计划行事 （　　）

33.

A. 坦率 （　　）

B. 深沉 （　　）

34.

A. 留意事实 （　　）

B. 注重事实 （　　）

35.

A. 知识广博 （　　）

B. 善解人意 （　　）

36.

A. 善于适应转变 （　　）

B. 处事井井有条 （　　）

37.

A. 爽朗 （　　）

B. 沉稳 （　　）

38.
   A. 实事求是 （   ）
   B. 富有想象力 （   ）

39.
   A. 喜欢询问实情 （   ）
   B. 喜欢探索感受 （   ）

40.
   A. 不断接受新意见 （   ）
   B. 着眼目标达成 （   ）

41.
   A. 率直 （   ）
   B. 内敛 （   ）

42.
   A. 实事求是 （   ）
   B. 具远大目光 （   ）

43.
   A. 公正 （   ）
   B. 宽容 （   ）

你更倾向于？

44.
   A. 遇到不愉快的事情会暂时放下，直至有心情时才处理 （   ）
   B. 及时处理不愉快的事情，力求把它们抛诸脑后 （   ）

45.
   A. 自己的工作被欣赏，即使自己并不满意 （   ）
   B. 创造一些有长远价值的东西，但不一定让别人知道是自己做的 （   ）

46.
   A. 在自己有兴趣的范围，积累丰富的经验 （   ）
   B. 有各式各样不同的经验 （   ）

哪一项更能表达你的看法？

47.
   A. 感情用事的人较容易犯错 （   ）
   B. 逻辑思维会令人自以为是，反而容易犯错 （   ）

48.
  A. 犹豫不决必失败 （   ）
  B. 三思而后行 （   ）

MBTI 性格类型测试问卷答题纸

题序	A项分值	B项分值	题序	A项分值	B项分值	题序	A项分值	B项分值	题序	A项分值	B项分值
1			2			3			4		
5			6			7			8		
9			10			11			12		
13			14			15			16		
17			18			19			20		
21			22			23			24		
25			26			27			28		
29			30			31			32		
33			34			35			36		
37			38			39			40		
41			42			43			44		
45			46			47			48		
合计			合计			合计			合计		
	E	I		S	N		T	F		J	P

过程活动

问题情境

你的 MBTI 职业性格类型测试问卷得分是多少？根据你的测试结果，我们一起来进行自我分析，并根据分析结果选择职业，确定目标，制定未来三年的初级职业规划，然后跟老师、同学分享。

调查

现在，将 MBTI 性格测试结果的各项得分填到表 4-6 对应的位置中，也就是说，你们在维度 E 处的总得分记在"外倾（E）"后的空白处，在维度 I 处的总得分记在"内倾（I）"后的空白处，以此类推。

表 4-6　性格测试结果得分

维度	类型	总得分	类型	总得分
注意力方向	外倾（E）		内倾（I）	
认识方式	感觉（S）		直觉（N）	
判断方式	思维（T）		情感（F）	
生活方式	判断（J）		知觉（P）	

分析

以上八个类型两两成对，也就是说，E 和 I、S 和 N、T 和 F、J 和 P 各自是一对组合。在每一对组合中，比较该组合中的两个偏好的得分孰高孰低，分高的那项就是自己的优势类型。如果分数相同，选择后面的那一项，即 I、N、F、P。将四对组合一一比较后，会得到一个由四个字母组成的优势类型，如 ENFP、ISTJ 等，把它写在下面。

我的优势类型是：_____。

评估

在 MBTI 性格类型测试问卷结果分析中，有对四个维度八种类型的详细描述，请认真地进行自我评估，分析究竟对哪种类型的描述更接近自己，然后把结果写在下面。

在 E 和 I 这个类型上，我认为更接近我本性的是：_____。
在 S 和 N 这个类型上，我认为更接近我本性的是：_____。
在 T 和 F 这个类型上，我认为更接近我本性的是：_____。
在 J 和 P 这个类型上，我认为更接近我本性的是：_____。
自我评价所揭示的我的优势类型是：_____。
综合问卷测试和自我评估，我认为我的优势类型是：_____。

认识自我

根据你的优势类型进行倾向性判定，最终可以得出一种性格类型组合。MBTI 的十六种性格类型组合，每一种都是独特的类型，没有哪一种类型最好，也没有哪一种类型不好，要记住的是，你就是你，具有独特风格的你。

（1）我的性格类型组合是：_____。

（2）我认为适合自己的职业是：_____。

☕ 讨论：如何选择自己的职业？

兴趣爱好至上、有个性特长

能力经验、相对自由、有成就感

行业热门、收入、需求、前景、未来的趋势

💡 我的观点：

💡 同学观点：

📇 资料卡

一、MBTI 十六种人格类型

迈尔斯-布里格斯类型指标（MBTI）表征人的性格，是由美国的凯恩琳·布里格斯和她的女儿伊莎贝尔·布里格斯·迈尔斯制定的。该指标以瑞士心理学家荣格划分的八种心理类型为基础，加以扩展，形成四个维度，即

① 外倾（E）–内倾（I）　　② 感觉（S）–直觉（N）

③ 思维（T）–情感（F）　　④ 判断（J）–知觉（P）

四个维度如同四把标尺，每个人的性格都会落在标尺的某个点上，这个点靠近哪个端点，就意味着个体有哪方面的偏好。如在第一维度上，个体的性格靠近外倾这一端，就偏外倾，落点越接近端点，偏好越强。对这四个维度，八种类型进行组合，形成了十六种性格类型，如表4-7所示。根据这十六种性格的特点，总结了适应该性格特点的职业，作为职业生涯规划的参考，如表4-8所示。

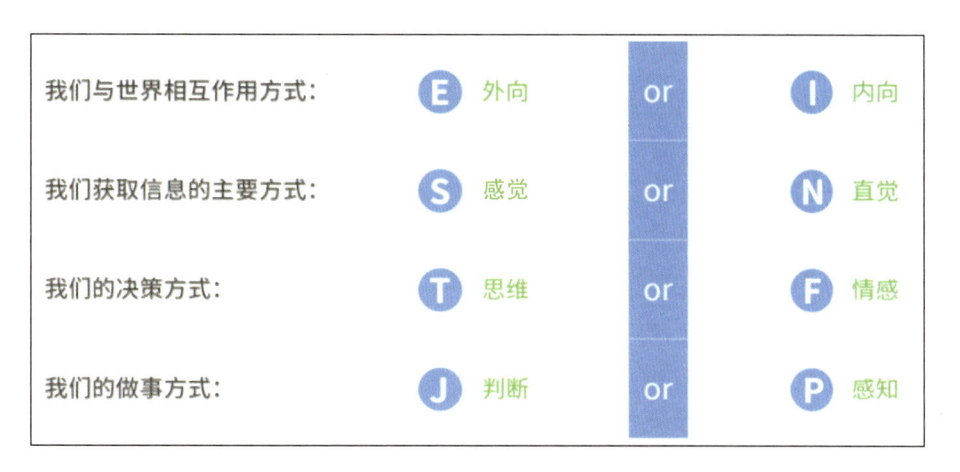

我们与世界相互作用方式：	E 外向	or	I 内向
我们获取信息的主要方式：	S 感觉	or	N 直觉
我们的决策方式：	T 思维	or	F 情感
我们的做事方式：	J 判断	or	P 感知

表4-7 MBTI的十六种性格类型组合

1. 内倾感觉思维判断（ISTJ）	2. 内倾感觉情感判断（ISFJ）	3. 内倾感觉思维知觉（ISTP）	4. 内倾感觉情感知觉（ISFP）
5. 外倾感觉思维知觉（ESTP）	6. 外倾感觉情感知觉（ESFP）	7. 外倾感觉思维判断（ESTJ）	8. 外倾感觉情感判断（ESFJ）
9. 内倾直觉情感判断（INFJ）	10. 内倾直觉思维判断（INTJ）	11. 内倾直觉情感知觉（INFP）	12. 内倾直觉思维知觉（INTP）
13. 外倾直觉情感知觉（ENFP）	14. 外倾直觉思维知觉（ENTP）	15. 外倾直觉情感判断（ENFJ）	16. 外倾直觉思维判断（ENTJ）

表4-8 十六种性格类型与适合的职业

序号	性格类型	性格特点	适合的职业
1	内倾感觉思维判断（ISTJ）	安静、严肃，通过面面俱到与可靠赢得成功；务实，以事实为导向，现实主义；由逻辑决定什么工作应该被完成，并且能排除杂念不断稳步前进；通过令自己的工作、生活、人生等一切事情有秩序和条理来得到快乐；重视传统和忠诚	首席信息系统执行官、天文学家、数据库管理员、会计、房地产经纪人、侦探、行政管理、信用分析师
2	内倾感觉情感判断（ISFJ）	安静、友善、尽责、认真，坚定不移地承担义务；思虑周详，辛勤，力求精确；忠诚、体贴，会留意并能记住对其重要人士的细节，关切他人感受；力求在工作和家庭中创建一个秩序井然、和睦融洽的环境	内科医生、营养师、图书/档案管理员、室内装潢设计师、客户服务专员、记账员、特殊教育教师、酒店管理

续表

序号	性格类型	性格特点	适合的职业
3	内倾感觉思维知觉（ISTP）	忍耐力强、灵活，在问题出现之前，一直是安静的观察者，一旦问题出现，则会迅速行动并找到可实现的解决方案；善于分析事物的工作原理，能从大量数据信息中找到问题的核心所在；对事物的原因和结果很感兴趣；重效率	信息服务业经理、计算机程序员、警官、软件开发员、律师助理、消防员、私人侦探、药剂师
4	内倾感觉情感知觉（ISFP）	安静、友好、敏感、心地善良；享受此时此刻，以及发生在自己周围的事情；喜欢拥有自己的空间，并按自己的时间表去工作；忠诚，并且坚定于自己的价值观以及对自己来说重要的人；不喜欢分歧和冲突，不把自己的观点或价值观强加于他人	室内装潢设计师、按摩师、客户服务专员、服装设计师、厨师、护士、牙医、旅游管理
5	外倾感觉思维知觉（ESTP）	灵活、忍耐力强，喜欢实用主义，专注于即刻的结果；理论和概念会使他们厌烦，他们倾向于用精力充沛的行动去解决问题；专注于此时此刻，随性自然，他们享受可以与他人互动的每一刻；享受物质的舒适和格调；喜欢通过实践获得最佳的学习效果	企业家、股票经纪人、保险经纪人、土木工程师、旅游管理、职业运动员/教练、电子游戏开发员、房地产开发商
6	外倾感觉情感知觉（ESFP）	开朗，友好，乐于接纳；热爱生活、人类和物质享受；在工作中，享受和他人一起促成事情的成功；喜欢用常识和实际可行的方法达成工作，并让工作充满乐趣；灵活、自然不做作，随时准备适应新的人和环境；最佳的学习方式是和其他人一起尝试新的技能	幼教老师、公关专员、职业策划咨询师、旅游管理/导游、促销员、演员、海洋生物学家、销售
7	外倾感觉思维判断（ESTJ）	务实，现实主义，以事实为导向；果断，能迅速进入到对决定的执行和部署；喜欢组织项目和人力使事情完成，专注于用最有效率的方式得到结果；注重日常的细节；拥有一整套清晰的逻辑标准，会有条不紊地遵守它们并且希望他人也遵守；在贯彻执行自己的计划时强而有力	公司首席执行官、军官、预算分析师、药剂师、房地产经纪人、保险经纪人、教师（贸易/工商类）、物业管理
8	外倾感觉情感判断（ESFJ）	热心，勤勤恳恳，善于协作；希望周围环境和谐融洽，并且会通过努力去达成；喜欢与他人一起正确无误并且准时完成任务；忠诚，即使在细微的事情上也会坚守；会注意他人日常生活中的需要并设法满足；希望得到他人对自己价值以及贡献的欣赏	房地产经纪人、零售商、护士、理货员、采购员、按摩师、运动教练、饮食业管理人员、旅游管理人员
9	内倾直觉情感判断（INFJ）	寻求理念、人际关系、物质财富之间的意义和联系；想要知道是什么驱动着人，并且对他人有很强的洞察力；一丝不苟并且坚持自己的价值观；对如何最大化服务人们的共同利益有着清晰的见解；能够有条理并且果断地贯彻执行自己的计划	特殊教育教师、建筑设计师、培训经理/培训师、职业策划、咨询顾问、心理咨询师、网站编辑、作家、仲裁人

续表

序号	性格类型	性格特点	适合的职业
10	内倾直觉思维判断（INTJ）	能以独创观点和强大的驱动力贯彻执行自己的理念并且实现自己的目标；能快速在外部事件中看到模式，并且建立远景规划的蓝图；一旦承诺某件事情，就会像对待工作一样使之条理化，直到完成；多疑、独立，不论是对自己还是他人的能力和表现，都有很高的标准	首席财政执行官、知识产权律师、设计工程师、精神分析师、心脏病专家、媒体策划、网络管理员、建筑师
11	内倾直觉情感知觉（INFP）	理想主义者，忠于自己的价值观以及对自己来说重要的人；渴求符合自己价值观的外在生活；好奇心强，能够迅速看到各种可能性，常常是灵感激发的促进者；致力于理解人们并协助他们发挥自身所有潜能；有良好的适应能力，且灵活变通；善于接受他人意见，除非有悖于自己的价值观	心理学家、人力资源管理、翻译、大学教师（人文学科）、社会工作者、图书管理员、服装设计师、编辑、网站设计师
12	内倾直觉思维知觉（INTP）	会寻找并建立令他们感兴趣的一切事物的逻辑解释；喜欢理论性的并且抽象的事物；相对于社交活动，更喜欢思考；安静，克制，灵活，适应力强；在他们感兴趣的领域，拥有不同寻常的专注和深度解决问题的能力；多疑、有时候挑剔，喜欢分析事情	软件设计师、风险投资家、法律仲裁人、金融分析师、大学教师（经济学）、音乐家、知识产权律师、网站设计师
13	外倾直觉情感知觉（ENFP）	温暖热情而富于想象力；认为生活充满各种可能性；可以在事件与信息之间快速建立联系，然后依据所洞察到的信息自信行动；渴望得到他人很多的认可，并随时准备给予他人欣赏与支持；有很强的即兴创作能力和表达能力，处事自然且灵活变通	广告客户管理、管理咨询顾问、演员、平面设计师、艺术指导、公司团队培训师、心理学家、人力资源管理
14	外倾直觉思维知觉（ENTP）	迅速、聪明、兴奋、机警且坦率；足智多谋，能解决新颖且富有挑战性的问题；善于找到理论上的可能性，并从战略上分析它们；善于理解他人；对例行的工作感到厌烦，很少以相同的方式做相同的事；倾向于不断发展新的兴趣上	企业家、投资银行家、广告创意总监、市场管理咨询顾问、文案、广播/电视主持人、演员、大学校长
15	外倾直觉情感判断（ENFJ）	温暖、移情，能积极回应且尽责；能高度共情他人的情绪、需要和动力；善于寻找每个人的潜能，并乐于帮助他人充分实现自我潜能；在个人与团队成长方面极富有感染力；忠诚，忠贞不渝，会积极回应赞扬与批评；好交际，在团队中拥有促进他人并且鼓舞人心的领导力	广告客户管理、杂志编辑、公司培训师、电视制片人、市场专员、作家、社会工作者、人力资源管理
16	外倾直觉思维判断（ENTJ）	坦率、果断、能随时承担领导职责，能够迅速看到不合逻辑、低效率的产品和策略，并能通过建立并且部署综合系统，来解决组织架构的问题；享受长期规划和设置目标的乐趣；见多识广，知识渊博，乐于扩展自己的知识面并且分享给他人；在展示自己的观点时非常有说服力	公司首席执行官、管理咨询顾问、政治家、房产开发商、教育咨询顾问、投资顾问、法官

二、选择职业要考虑的问题

1. 我想做什么
想做什么由兴趣爱好决定。考虑自己的兴趣爱好，明白自己想做什么。

2. 我适合做什么
适合做什么由个性特长决定。要把握自己的个性特长，清楚自己适合做什么。

3. 我能做什么
能做什么由能力、经验和学习决定。要结合自己的能力和经验思考自己能够做什么，当自己的经验、能力与职业的要求差距较大时，要善于学习，提高自身素质以适应工作岗位的要求。

4. 行业的发展
任何一个行业都会经历起步期、成长期、成熟期和衰退期。在选择行业时，选择一个处在上升期的朝阳行业会有更大的发展空间。

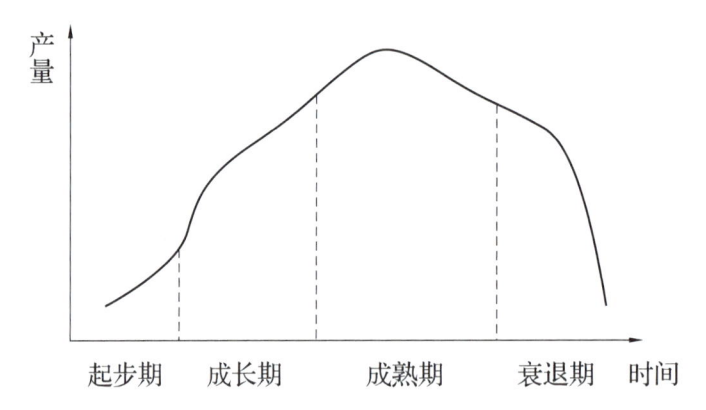

选择行业时，还要结合当下的环境，随着数字化、智能化的发展，国内的产业结构也已经发生了翻天覆地的变化，一些职业消失，也产生了一些新兴职业，这也会对我们的择业产生影响，我们应避开夕阳行业和即将消失的职业，做好职业生涯规划，从而实现自己的职业目标。

5. 优先选择核心岗位
选择了行业和职业后，我们还需要结合自身的性格优势和兴趣爱好，选择跟自身相匹配的岗位，在这个过程中，一定要遵循一个核心原则，即优先选择核心岗位。

公司的核心岗位主要有四种类型。

（1）创造利润型。这类岗位是要为公司带来业绩和利润的，工资一般由底薪＋提成/绩效组成，比如销售类岗位。

（2）技术支持型。这类岗位需要为公司的业务或者产品提供技术支持，是后续产出利润的基础，比如软件工程师、研发工程师等。

（3）输送资源型。这类岗位可以利用人脉网、自有资源/渠道等方式为公司拓展业务或商务合作的门路，比如经纪人、市场总监、拓展经理、渠道管理、业务经理等。

（4）提供创意型。这类岗位主要为公司输出有市场竞争力的创意方案和产品设计等，通常和技术型岗位搭档合作，比如游戏策划、产品经理、创意设计师、文案创意、广告创意等。

探索实践

探究

目标只是目标，规划也只是规划，人生有千百种可能性，我们可以不断复盘，寻找更好的人生答案。

请制定未来三年的初级职业规划，分别填在表4-9~表4-12中，并跟同学一起分享。

未来三年的初级职业目标规划

表4-9　初级职业规划（3个月后）

时间	
职位级别	
所在公司（规模）	
薪资	
所做准备	

表4-10　初级职业规划（1年后）

时间	
职位级别	
所在公司（规模）	
薪资	
所做准备	

表4-11　初级职业规划（2年后）

时间	
职位级别	
所在公司（规模）	
所带团队（规模）	
薪资	
所做准备	

表4-12　初级职业规划（3年后）

时间	
职位级别	
所在公司（规模）	
所带团队（规模）	
薪资	
所做准备	

拓展活动

你感兴趣的职业中,有哪些知名领军人物、成功人士?他们有哪些人物事迹?具备哪些职业精神?请进行搜索,并将搜集到的内容填在表4-13中。

表4-13 行业知名人物调研

序号	知名领军人物、成功人士	人物事迹	职业精神
1			
2			
3			

学习情境三　职业体验：直播销售员

在直播电商行业蓬勃发展的态势下，人们的生活方式和消费习惯已经发生了巨大的变化，线上消费场景更加丰富多样。如何成为一名专业直播销售员呢？这就需要完成一系列的任务，从组建直播团队、搭建直播场景开始，到选择产品、设计直播活动，到最终实施直播活动。

活动一　组建直播团队

课前活动

请认真阅读《鸿星尔克捐赠事件》，分析鸿星尔克为什么能在直播带货中取得成功？

鸿星尔克捐赠事件

2023年12月18日23时59分，甘肃临夏州积石山县发生了6.2级地震。天灾无情人间有情，一方有难八方支援，灾区情况牵动着亿万中国人的心。京东以及鸿星尔克、李宁、安踏、特步、361度等众多国货品牌也第一时间展开行动，捐献物资，驰援甘肃地震灾区。各众多品牌商纷纷上线"谢谢你，为国货加油"采销直播专场，并予以重磅资源扶持国货，让更多优质低价的国货好物直达消费者。

12月19日，鸿星尔克宣布向甘肃受灾地区捐赠2 000万元物资。这一消息很快引起了网友关注——"鸿星尔克又捐了2 000万"连同鸿星尔克董事长吴荣照的言论"从国民中来到国民中去"，一同登上了微博热搜。不少支持者涌入了鸿星尔克的直播间，又一次"野性消费"。截至12月19日晚上11点，鸿星尔克抖音官方直播间仍有3万人停留，当天场均观看人次达到689.3万。"心手相连，祈福平安"的评论不断刷屏，有网友直言"还介绍什么，大家又不是第一次了，直接上链接"，主播对这一幕不再陌生，快速介绍着产品，间歇劝导网友："不用送礼物，不要额外花钱。"

这次甘肃捐款事件后，飞瓜数据显示，12月19日，鸿星尔克抖音官方直播间当天最高观看人次729.3万，近30天的场均观看人次为34.6万，鸿星尔克抖音官方直播间19日当天涨粉22.6万人。与之相比，同样为这次地震灾区捐赠物资的其他运动鞋服品牌则关注者寥寥，可见消费者们对鸿星尔克的偏爱。

自己"曾经淋过雨，所以也想给别人撑伞"，闽商鸿星尔克的诸多善举，深深印在消费者脑海中。自此，鸿星尔克便拥有了"热搜"体质——从支援受灾地区，到董事长用了几年都没换的腰带，再到王心凌穿的一双鸿星尔克鞋，都成为网友讨论的热点。

资料来源：中国企业家《最是流量留不住，鸿星尔克过山车》，有改动。
http://www.iceo.com.cn/article/1fea0a51-c51a-4988-bd4c-0bb902001efd

"鸿星尔克捐赠事件"是一次现象级事件，一家踏实做事的企业在关键时刻展现了自身的社会担当和社会责任感，赢得了大家的认可、敬重和赞赏。直播带货的成功是好品牌、好商品、好销售、好的消费体验以及好的售后服务等多种因素推动的结果。

过程活动

问题情境

小明一直对直播销售充满热情，并决定踏上成为一名专业直播销售员的旅程。在这个旅程中，小明需要完成一系列的任务。首先需要组建一个高效的直播团队，他需要考虑直播电商"人""货""场"三要素以及团队成员的角色分配，包括主播、助理、场控等，并通过SWOT分析法来评估每个候选人的能力和经验，以确保他们适合团队中的角色。小明还需要思考如何保证团队的和谐与效率，并制订团队培训计划，以适应直播行业的快速发展。

搜集：直播电商"人""货""场"三要素

直播电商究竟是什么呢？直播电商是以直播为渠道来达成销售目的的一种电商形式，它具有很强的互动性，用户可以通过"社交"模式给自己带来更直观、生动的购物体验。

直播电商为5G时代注入了许多新的活力，但它的核心仍然是电商，离不开"人""货""场"三要素的结合，直播电商对这三要素进行了升级，让用户有了全新的体验。传统电商三要素与直播电商三要素的特点如表4-14所示。

表 4-14　传统电商和直播电商三要素的特点

传统电商	三要素	直播电商
用户主动搜索，以商品的刚性需求和购买的便利性为主	人 （自主搜索→主播推荐）	轻松的社交体验，更多的购物乐趣，缩短了用户的购物决策时间
商品流通环节较多，商品主要以图文及视频的形式呈现，展示效果与实际情况可能存在差距	货 （人找货→货找人）	缩短了商品流通环节，用户可通过直播实时、全面地了解商品；通过主播的讲解，用户可详细了解商品性能和细节
用户搜索商品，商家付费推广引流，以商品详情页促进成交	场 （线上购物→"新"零售）	直播场景丰富多样，更贴近线下零售场景，实现了"云逛街"

1. "人"

"人"包含主播和MCN组织，主播包含素人、网红和明星，MCN组织包含内容MCN和电商MCN。不管是淘宝直播、抖音直播还是快手直播，任何一个成名的KOL主播，都必定有自己的明显人格，也就是所谓的"人设"。人设大致包含人物的基本设定，如姓名、年龄、身高、性格特点、喜爱特长等，简单来说，是可以让粉丝喜爱的标签。当一名主播形成独特的自我标签后，在一段时间内，是很难替代和仿制的。

2. "货"

"货"包含品牌和供应链，值得注意的是，部分高阶电商MCN对品牌和供应链有把控力，于是供应链能力逐渐被强势电商MCN内化，而拥有价格更优惠、品相更美观、品质更好或者是有他人没有的货，是一场直播决胜的关键。随着直播电商的发展，可直播的货也越来越多元化，甚至出现了"万物皆可直播"的状况，只要可以买卖的，都可以通过直播进行销售。

3. "场"

直播间的购物场景一定要让用户有良好的体验，既要具备传统电商购买方便、比价方便的特点，还需营造线下购物般的超强体验感，同时能让用户在观看直播时与主播进行实时互动。直播间购物是购物场景的进一步升级。

随着直播电商的迅速发展以及直播电商生态链的日渐完善和成熟，越来越多的商家在更多的时间直播并销售产品，直播电商的直播场景也更加多元化，例如搭景直播、实体店直播、产地直播、供应链基地直播、档口直播、海淘现场直播等。

探究

任意选择一个直播平台（抖音、淘宝等）观看5~10分钟直播，分析该场直播的"人""货""场"，并说明能吸引你停留的亮点，填在表4-15中。

表 4-15　直播要素及亮点分析

平台	人（主播人设）	货（直播产品）	场（直播场景）	亮点

讨论

请你为团队即将进行的一场直播做好主播人设定位。

我的观点：

同学观点：

资料卡

直播团队岗位设置

直播团队的组织结构及人员配置因业务需求的不同而不同。在开启直播之前，我们要先组建自己的团队，才能高效开展直播活动。那么，主播团队一般会涉及哪些岗位呢？

（1）主播：负责直播，主要工作包括介绍与展示商品，与粉丝互动，引导粉丝关注，参与直播策划与复盘等。

（2）副播：负责在直播间与主播配合，协助主播说明直播的活动规则，介绍商品并与粉丝互动，引导粉丝关注和下单等。

（3）助理：负责协助主播的工作，主要工作包括准备直播商品与道具、担任临时主播等。

（4）场控：负责软硬件调试及整场直播的后台操作，如直播间数据检测与反馈、处理询单、解决答疑和售后问题等。

（5）策划：负责策划直播方案，设计商品脚本、活动脚本、话术脚本，以及直播预热的宣传策划、引流方案策划和粉丝福利方案策划等。

（6）数据运营：负责直播数据的收集、分析，并针对数据分析中发现的问题为策划提供直播方案的优化建议，同时为直播复盘提供数据支撑。

（7）客服：负责与粉丝互动并为粉丝答疑解惑，配合主播的直播工作，处理商品的发货和售后问题等。

（8）商务拓展：负责商务合作、商品招商、商品信息整理、店铺对接等。

探索实践

体验：组建你的直播团队

在创业前期，可暂时组建标准的直播团队，人员配置为主播1名、助理1名、场控1名、策划1名和招商1名。若公司直播业务发展壮大、业务需求增多，可增设新的岗位或增加原岗位的配置人数，从而提高直播的效率和收益。现在，请大家根据自身的业务需求和预算对直播团队的人员进行配置，完成表4-16。

表4-16 直播团队人员配置

岗位	人员	岗位职责	备注

思考

在网上查阅各直播岗位的具体职责，针对各岗位的人才要求进行SWOT分析。

S:_____

W:_____

O:_____

T:_____

拓展阅读

《来喽来喽，未来三十年经济发展解析！直播电商走进乡村》（https://www.sohu.com/a/419176808_120776041）。

活动二　搭建直播场景

课前活动

请通过互联网查找相关资料，了解一场直播活动需要配置哪些直播设备并进行总结归纳，再对表4-17进行完善。

表4-17　直播设备配置

设备类型	设备名称	配置说明
主要设备	计算机	用于PC端直播、直播后台管理、脚本设计以及修图、剪辑视频等。如果没有特殊需求（如游戏直播），购买目前主流的笔记本电脑即可
		使用PC端直播时，外接摄像头需满足主播对摄像头的美颜、瘦身、清晰度、拍摄角度等方面的需求。一般而言，1 000元左右的摄像头可满足直播需求
	手机	是手机直播的主要设备，适用于室内直播和室外直播。直播用的手机，其运行内存应不低于4GB，摄像头不低于1 200万像素
		用于固定手机、摄像头、话筒等设备，以保证直播画面稳定。应根据需要固定的设备数量和大小进行选购
		用于为直播提供辅助光线，以得到较好的光线效果。常用的补光灯主要是柔光灯（包括柔光球或柔光箱与环形灯）
其他辅助设备		用于直播收音，使声音饱满、圆润、更有层次。一般选择价格200~1 000元、电压为48V的电容话筒
	耳机	耳机可以让主播在直播时监听自己的声音，从而更好地控制自己的音调、分辨伴奏等。一般可选购入耳式耳机或无线蓝牙耳机
		使用手机进行移动直播时，可以使用自拍杆辅助拍摄，在一定程度上增加拍摄范围，提升画面的稳定性
	电源	一场直播的持续时间往往较长，对手机电池的要求较高，因此移动电源是手机直播的必备辅助设备

模块四 智慧规划

过程活动

问题情境

小明创业初期有 5 万元的启动资金，经过团队成员协商，决定花费 1 万元配置直播设备，然后根据直播产品的特性和目标受众，搭建一个合适的直播场景。目前，小明需要考虑如何保证直播画面的清晰度和观众的观看体验，并决定如何调整直播场景以适应不同平台，以及应对可能出现的技术问题。小明正在制订的采购计划如表 4-18 所示，请帮他完善这个计划表。

表 4-18 直播设备采购计划

直播设备	是否采购	设备简称	设备单价/元	采购数量	采购总价/元	采购理由
			3 150			
			2 600			
			65			
			155			
			46			
			58			

续表

直播设备	是否采购	设备简称	设备单价/元	采购数量	采购总价/元	采购理由
			158			
			139			
			120			
			1 560			
			1 359			
			38			
设备采购所需费用合计						

资料卡

直播间的场景布置

直播场地分为室内场地和室外场地,因此直播间的场地规划也分为室内直播场地的规划和室外直播场地的规划两种。

一、室内直播场地的规划

常见的室内直播场地有办公室、会议室、直播室、工作室、线下门店、住所等,一个规划合理的直播场地,通常包括直播区、商品摆放区、后台区以及其他区域,不同区域的功能和大小不同。在进行室内直播场地规划时,可参照表4-19进行规划。

表 4-19 室内直播场地规划

区域	区域说明	区域面积
直播区	主播直播的区域,展示直播情景和推荐的商品、道具等	3~5平方米,可根据直播商品的体积大小灵活调整该区域的面积
商品摆放区	用于放置需要讲解的直播商品的样品,如商品数量较多,可用货架或货柜分类放置商品	8~10平方米,可根据直播商品的体积大小和数量灵活调整
后台区	幕后工作人员的工作区域	5平方米左右,可根据幕后工作人员的数量和所需设备(如计算机、摄像机)灵活调整
其他区域	可作为主播试衣间、化妆间,或放置直播设备、道具等	可根据实际需要灵活安排

个人或商家可参考下图所示的区域划分来搭建直播间。

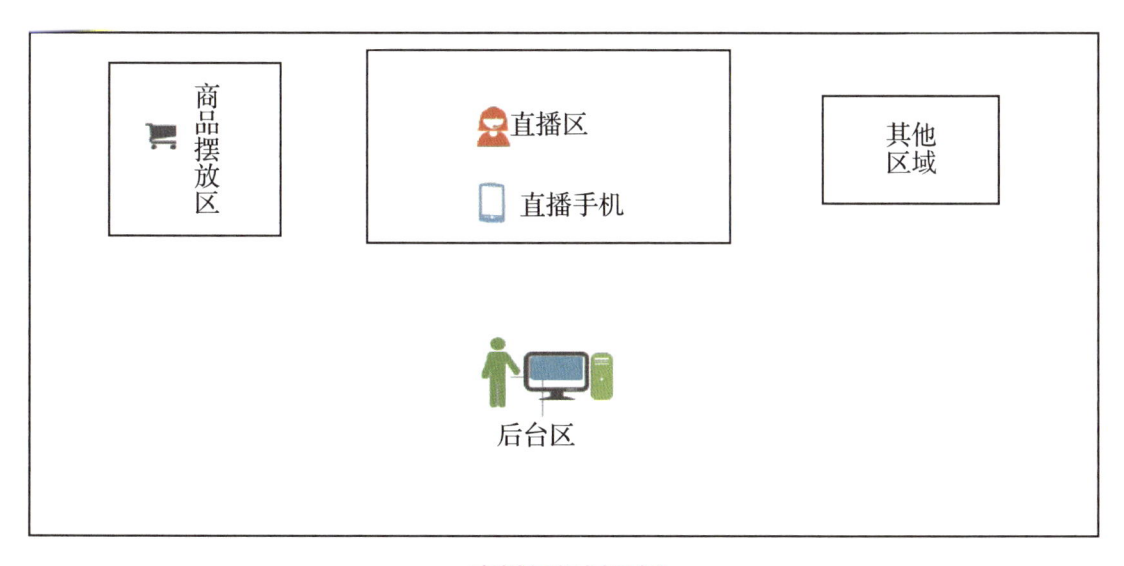

直播间规划示例

二、室外直播场地的规划

常见的室外直播场地有商品室外场地（如蔬果种植园、茶园、商场）、室外打包场地等，一般用于直播规模较大的商品或展示货源采购现场等。直播团队在室外直播场地直播时，需要注意的事项如表4-20所示。

表 4-20 室外直播注意事项

注意事项	说明
天气	室外直播一般选在晴朗的天气进行，同时也要做好雨天的预案，即设计室内直播备用方案
场地范围	室外直播需要限制室外场地的范围，以便主播将更多的精力放在商品讲解和与用户的互动上
场地环境	室外场地的环境要整洁，要保证场地的美观，要避免出现过多围观人群或闲杂车辆等

探索实践

探究：如何为直播间布置适合的背景

用户进入直播间第一眼就会看到直播间的背景，从而产生对直播间的第一印象，是否能在第一时间留住用户，布置适合的直播背景至关重要。直播间背景的类型、风格应与直播的商品或主播的个人气质相契合。

布置直播间背景有两种方法，一是布置实物背景，二是设置虚拟背景。现在，直播团队要为服装类商品的直播布置背景，请你观看抖音、快手等平台的直播，总结直播间背景的布置特色，并制定你们的直播间背景的设计思路和方案。

💡 我的观点：

💡 同学观点：

思考：如何摆放直播物料

直播团队准备开启一场中秋节零食福利直播活动，产品有喜之郎蒟蒻果冻爽、庄家铺品蒟蒻果冻片、大嘉发无蔗糖散装月饼、礼盒装蛋黄莲蓉月饼四种，产品示意图如下。请根据直播主题，合理摆放直播物料。

| 喜之郎蒟蒻果冻爽 | 庄家铺品蒟蒻果冻片 | 大嘉发无蔗糖散装月饼 | 礼盒装蛋黄莲蓉月饼 |

我的想法和思路：

活动三　选择直播商品

课前活动

小红和小刚是两位不同直播平台的带货主播，他们都想向年轻群体销售商品，但他们选择的商品和策略不同，所以结果也不同。

小红选择销售价格高昂的手表，但是她在直播中只介绍了手表的品牌和设计。最后，没有人买她的账，因为年轻人觉得这些手表太贵了，而且小红的介绍也不够有趣。

小刚则选择了适合年轻女性的美妆商品，他在直播中让一位美妆博主展示如何使用这些产品，还提供了打折优惠。最后，很多人购买了他推荐的商品，因为他选的商品正好是年轻人需要的，而且直播内容既有趣又实用。

请你根据以上案例分析下面几个问题。

（1）为什么小红的直播没有成功？她应该怎么做才能提高销量？

（2）小刚的直播为什么能成功？他用了哪些好方法？

过程活动

问题情境

选择直播商品时，需要遵循直播选品的原则，考虑商品的特点、市场需求、受众喜好等因素。现在，小明需要掌握商品的定价策略，做好直播商品结构规划来突出商品的特点以吸引观众的注意力，激发观众的购买欲望。此外，小明还需要与供应商建立良好的合作关系，以保障商品的稳定供应和价格优势。

搜集：直播商品结构规划

选择好直播产品后，主播就要考虑直播中商品的讲解顺序，也就是进行直播商品的结构规划，直播商品的结构直接影响着直播商品的购买转化率。根据直播商品的性质，可以将其分为四个类型，即印象款、引流款、福利款、利润款。不同类型的商品有不同的作用，出现在直播间的时间节点也是不同的。

1. 印象款

印象款是指促成直播间第一次交易的商品。一般来说，高性价比、低客单价的常规商品适合作为印象款，好的印象款商品可以提高消费者的复购率。在直播带货时，可以先介绍印象款，以促成消费者的第一次购买。印象款商品应具有较强的实用性，覆盖人群范围广。

2. 引流款

引流款商品的作用是为直播间引流，留住用户。主播可以将具有独特卖点的商品作为引流款，也可以选择具有超高性价比、以成本价或低于成本价销售的产品或通过同类商品的差异化来提升直播间的人气。引流款商品可作为直播开始前 20 分钟的热场产品，并配合直播期间的 Feed 流进行投放。

3. 福利款

福利款商品就是用来做活动的商品,一般是面向直播间粉丝发放的福利,即直播间的用户需要关注主播或加入主播的粉丝团以后,才有机会抢购福利款商品,所以福利款商品也被称作"宠粉款"商品,用于提升粉丝黏性,激发粉丝的购买热情。

4. 利润款

为了整场直播的盈利,我们还需要增加高利润商品的配比。利润款商品一般品质较高,或者产品卖点上有自己的独特之处,且利润款商品的数量在所有商品中应有较高占比。在直播间人气达到一定高度以后,主播便可以趁热打铁推出利润款商品。

思考

团队成员为下次直播选择了1件印象款商品、2件引流款商品、3件福利款商品、4件利润款商品,请你为该场直播的商品进行排序,填在表4-21中。

表 4-21 本场直播商品顺序

排序号	产品类型	拟定直播时间	备注

讨论:如何计算客单价

直播团队决定根据主播的人设定位进行选品,主要以客单价这一指标来挑选商品。现在,某店铺在22:00—23:00共有10位消费者进行了交易,成交金额为12 000元,其中9位消费者分别成交了1笔订单,1位消费者成交了3笔订单。请问,该店铺在该时间段的客单价是多少呢?

什么是客单价？如何计算客单价？

客单价=成交金额/成交用户数

客单价=每笔单价×人均交易笔数

💡 我的观点：

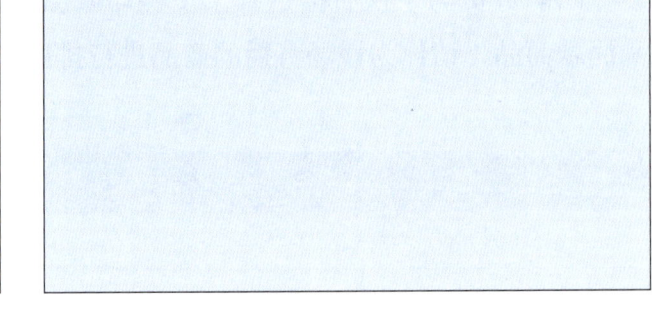

💡 同学观点：

资料卡

一、直播选品原则

直播选品是很多新手主播面临的最棘手的难题之一，如果选品错误，将直接影响直播间的商品转换率，甚至可能影响主播的职业发展。一般来说，主播可以根据市场趋势、直播行业风向、主播的粉丝画像、主播的人设定位以及账号内容垂直度进行选品。

那么，直播选品应该遵循哪些原则呢？

1. 高性价比

在挑选产品时，要做好商品背景调查，选择口碑和评级都不错、性价比较高的商品更容易激发用户的购买欲望。通常100元是直播用户对价格区间的上限，因此在选品时可多选择客单价不超过100元的商品。如果参考在抖音上60%的"爆款"商品的价格区间为10~50元，那么，可以将选品的客单价定为50元左右。

2. 高匹配度

选品要与主播人设、账号定位相关联。产品好与不好，最好亲自试用后再确定。亲自试用后，主播才能最大限度地了解商品、熟悉商品，对商品的讲解也更能满足直播用户对商品的认识预期，有助于提高商品的转化率。另外，对每一个选品，应事先向供应商确定商品的库存情况，保证直播选品及时供货，避免发生缺货等尴尬场景。

3. 商品独特性

外观精致、品质优良、独特的商品自然更能招揽直播用户，引起直播用户的购买欲望。面对直播间众多商品，主播可以使用"产品特性＋产品优势＋粉丝利益＋赋予情感"这一公式为用户推荐商品，提升用户的购买欲望。

4. 需求及时性

据市场调研可知，消费者识别和关注某一商品的首要条件之一是商品是否能够满足他们的实际需求。在直播期间，主播选择的商品要满足活动趋势和直播用户的需求。另外，主播平时也需要多关注和留意直播用户想要在直播间看到的商品，以便根据这些需求补充商品品类，及时满足直播用户的需求。

二、直播商品定价策略

1. 尾数定价法

尾数定价，又称奇数定价，或者零头定价。直播间通常会利用消费者在数字认识上的某种心理制定尾数价格，如 0.99 元、9.9 元、19.9 元等，使消费者产生商品价格较廉、商家定价认真以及售价接近成本的感觉，从而激起消费者的购买欲望，促进商品销售。

2. 商品组合定价法

商品组合定价法是基于"有买有赠"的思路来设置商品价格的定价法。商品组合定价法的具体操作一般是将互补商品或关联商品进行组合定价。商品组合应遵循三大原则：一是将高价商品与低价商品（赠品）以套装的形式进行搭配；二是套装搭配（如衣服套装、零食组合套餐等）给消费者购买的满足感；三是赠品在直播过程中要提前多次出镜，激发消费者想要赠品的欲望。

3. 阶梯形定价法

阶梯形定价法主要用于客单价较低或成套销售的商品，相当于"买一送一"的升级版。如：某服装店的商品，原价为 59.9 元 / 件，活动价为第一件 39.9 元，第二件 29.9 元，第三件 19.9 元，第四件免费，限量 3 万件，主播讲解商品时可直接引导用户下单 4 件。这种定价法会给消费者带来巨大的冲击，刺激其产生下单的欲望。

探索实践

体验

结合表 4-22 中几种产品的特性，从中选出引流款商品、福利款商品和利润款商品，并将直播间利润控制在 2 000 元及以上，请你和团队成员讨论并确定以下商品可以有几种定价策划。

表 4-22 产品库存信息表

序号	产品	定价/元	数量	产品价值合计/元
1	庄家铺品蒟蒻果冻片 5 小包装	2.5	100	250
2	喜之郎蒟蒻果冻爽 8 小袋装	10	100	1 000
3	莲蓉蛋黄礼盒装月饼 4 个装	38	100	3 800
4	大嘉发无蔗糖散装水果月饼 4 种口味	10	100	1 000

经讨论，我团队确定的定价策划有_____种，分别是：_____

活动四　设计直播活动

课前活动

阅读下面三个案例，分析 A、B、C 三家公司分别设计了哪些直播活动？哪家公司的设计更为成功？

案例一

A 公司主要销售少儿英语辅导类书籍，每天中午 12:00 开播，活动力度特别大，春节前 1 个月下单可享受三折优惠，主播的表现能力、感染能力也特别强，但是每天在直播间的人寥寥无几，成交量少之又少。

案例二

B 公司趁国庆之际，提前 3 天做活动预热，直播间设计了秒杀、领取优惠券等环节，直播用户较为活跃，人均停留 1.5 分钟以上，9 月 30 日 21:00—22:00 直播了 1 小时，在线人数最高 50 人，成交金额 1 000 元。

案例三

C 公司在元旦之际，提前 5 天通过各平台以 1 元秒杀零食为主题进行活动预热。12 月 31 日 22:00 开播时，直播间标题、封面均吸引用户停留，此外，直播间不间断发放红包、优惠券、秒杀、截屏抽奖等福利，2 小时成交金额达 1 000 000 元。

（1）A、B、C 三家公司分别设计了哪些直播活动？

（2）你认为 A、B、C 三家公司哪家在直播活动设计上更为成功？并阐述该公司成功的理由。

过程活动

问题情境

设计直播活动时,小明需要制定一个有吸引力的直播标题和直播互动,以提高观众的参与感和忠诚度。他需要思考如何与观众进行互动,并做好应对可能出现的意外情况或突发事件的准备。小明还需要平衡活动的趣味性和销售性,以确保观众在享受活动的同时也能产生购买欲望。

搜集:设计直播标题

一个好的标题能够准确地定位直播内容,设计直播标题的核心作用有两点:一是给用户看,吸引用户点击和观看直播;二是给平台看,以获得平台更多的流量推荐。直播标题的字数不宜过多,以 5~15 个字为宜,用一句话来展示直播内容的亮点,吸引用户的观看兴趣。设计直播标题常用的策略如表 4-23 所示。

表 4-23 设计直播标题的常用策略

策略	说明	示例
借助名人效应	直播标题可以借助名人效应,如名人同款、名人直播带货专场等	①时尚百搭,×× 同款 ②×× 分享护肤心得
设置疑问	在标题中设置疑问,激发用户的好奇心,增加用户的点击欲望	①你用过很好用的隔离霜有哪款 ②宝宝总是红屁股怎么办
利益化	标题可以直接指明直播利益点,以此来吸引用户观看	①美肤套装即将售罄,一折起卖 ②品牌服饰,粉丝福利一折秒
制造紧迫感	标题中添加"数量有限"等字样,以制造紧迫感、紧缺感,促使用户立刻采取行动	①奢品代购,数量有限、折扣不断 ②断码热卖 19.9 元,手慢无
借助热点	基于热点事件(如节日、奥运等)设计标题,来引导用户观看直播	①开学季!新品特惠 ②中秋送好礼,团购月饼打折
解决用户需求	在标题中注明用户在生活或工作中所遇到的烦恼和困难的解决方案,能够解决用户需求,引起他们的关注	①显瘦套装秋季上新 ②枕头不对,一夜难眠

思考

根据已学习的标题设计方法,为 X 牌防晒霜设计标题,并写在表 4-24,标题字数控制在 5~15 字。

"智慧"财经素养活动学习指导教程

表 4-24　X 牌防晒霜标题设计

策略	标题

☕ 讨论：如何设计吸引眼球的直播间封面

💡 我的观点：

💡 同学观点：

📇 资料卡

直播间的互动玩法

一、引导点赞

直播间的点赞数代表着主播的人气值和直播间的活跃度，点赞数越多，主播的人气越高，也越能吸引更多用户进入直播间。引导用户点赞的常用方法是许诺点赞数达到某个数值时发放优惠券、红包等福利。如直播时，主播可以告诉用户点赞数量达 2 万时开启第一波红包福利，同时也可以引导用户将直播间分享给亲朋好友，邀请朋友一起参与点赞，争取尽快领取到福利。

二、引导评论

用户在公屏滚动评论的次数及数量也可以为直播间增加人气，主播可以通过提问、聊天、玩互动小游戏、商品知识问答等方式引导用户参与评论。每个人都希望自己提出的问题或要求得到及时的回应，主播要重视直播时评论区用户提出的问题或要求，积极回答评论区的留言，让用户感觉被重视，增加参与感；如用户已拍下产品，主播可引导用户到公屏回复

"已拍下"等，营造整场直播的热闹氛围。

三、派发红包

给用户具体、可见的利益，是主播聚集人气、与用户互动、延长消费者在直播间停留的时长、提高直播间权重的有效方法之一。派发红包的方式多种多样，既可以在点赞或关注数量达到一定数值时发送红包，也可以每间隔5分钟、10分钟或在20：00、21：00等时间段定点发送红包，还可以在用户输入指定内容、拍下商品以后发送红包。

四、设置抽奖

直播间抽奖是主播常用的互动之一，用户为抽奖停留，本质上说明用户愿意用自己的时间与抽奖的福利进行交换。主播一定要设计好抽奖的环节，设计抽奖环节时要遵循三个原则：一是抽奖的奖品是主播推荐过的商品，用户对奖励的商品品质是认可的；二是抽奖不能一次抽完，而应分散在直播的各个环节中，这样更能增加用户的黏性；三是抽奖方式要多样化，如采用点赞、截屏、问答、秒杀、签到等方式进行，吸引用户留下，增加留存率。

五、发放福袋

为增强主播与直播用户在直播间的互动、调动直播间用户的积极性，帮助主播快速积攒人气，提升带货效率，主播可以在直播过程中给用户发放福袋。福袋的发放方式与发放红包的操作相似，直播间后台可设置发放福袋的时间、个数、金额以及参与的条件（如加入粉丝团、参与评论等）。

六、与主播、名人连麦

连麦PK一定程度上是两位主播的资源置换，相当于各自增加一个曝光的广告位。主播选择的连麦PK对象最好与自己的粉丝量相近，如果双方选择的商品是互补的，则可以实现最大化引流，增加双方的销售额。

七、平台内付费推广

如果主播觉得自己直播间的人气不高，可以使用付费推广为直播间"引流"。以抖音为例，抖音平台可使用"DOU+直接上热门"功能，使用这一功能后，可以通过后台设置选择在开播前投放预热视频，也可以在直播过程中根据实时数据选择定向投放。主播可以根据自己的需求确定"加热"方式、期待曝光时长等维度，支付对应功能的费用后即可开始投放。

"智慧"财经素养活动学习指导教程

探索实践

体验：设计直播活动

直播团队以喜之郎蒟蒻果冻爽、庄家铺品蒟蒻果冻片等零食为主场，活动当天上午 9：00 开启第一场直播。请你根据所学的直播间互动玩法，设计一场 60 分钟的直播活动。直播活动设计的具体内容包括直播主题、至少 3 种互动玩法、互动玩法的预算等。除产品的成本外，直播团队预计启用 5 000 元作为活动互动经费回馈新老粉丝。请将设计好的直播活动填在表 4-25 中。

表 4-25　直播活动设计

直播主题				
时间 9：00—10：00	讲解的产品	互动玩法策略	投入预算 / 元	直播时长 / 分钟
例： 9：00—9：05	无	引导点赞、关注	0	5
合计				

讨论

对于直播电商团队来说，开展促销活动是提升直播间销量的有效方式，你知道哪些类型的促销活动呢？

模块四　智慧规划

活动五　实施直播活动

课前活动

直播话术，即直播场景中的说话技巧。对于主播来说，话术水平的高低直接影响直播间商品的销售效果。主播不仅要对商品特点、材质等进行口语化表达，还要运用好的直播话术突出商品的特点和优势，从而刺激用户的消费热情，为直播间营造良好的氛围。

FAB法则是销售中非常常见且实用的一套法则，FAB分别指产品属性（Feature）、产品作用（Advantage）、产品利益点（Benefit）。主播在直播间讲解商品时，如果能遵循FAB法则，会很容易提高讲解内容的说服力，从而打动用户。

案例1：经典飞行员眼镜

"这款眼镜是经典的飞行员镜框，镜片是一个斜角设计，能修饰脸型，提升气质。另外，这款眼镜给人一种成熟睿智的感觉，很适合商务人士佩戴。"

属性	作用	利益
镜片是斜角设计	修饰脸型，提升气质	给人成熟睿智的感觉

⇨ 很适合商务人士佩戴。正好戳中了商务人士需要表现自己成熟睿智的需求

案例2：整切冷牛排

"咱们这个牛排是腌好的，而且是微腌，不会抢走牛排本身的香味，而且2~4分钟就可以做好，这个做法都写在包装上，直接跟着做就可以。像大家平常加班比较辛苦，下班之后饿了，可以直接给自己煎上这样一片儿，只需要几分钟就能立马吃到香喷喷的牛排，

115

非常方便。"

属性	作用	利益
腌制好的、有菜谱	几分钟就做好了	想吃即做，很方便

"很适合下班之后饿了煎着吃"正好戳中了加班族在下班之后饥饿想吃东西的需求

思考

请根据 FAB 法则，为喜之郎蒟蒻果冻爽或更多产品设计话术，并填在表 4-26 中。

表 4-26　产品话术设计

产品	F（属性）	A（作用）	B（利益）
喜之郎蒟蒻果冻爽			

过程活动

问题情境

现在，小明即将实施直播活动。在直播开始前，他需要做好充分的准备工作，设计直播营销话术、撰写直播脚本并监控直播效果，还需要根据观众的反馈和互动情况及时调整直播内容和策略。此外，小明需要灵活应对可能出现的技术问题或突发事件，并在直播结束后收集直播数据并分析，评估本次直播效果，并为未来的直播活动提供改进方向。

搜集：使用"四步法"设计直播营销

主播从引导用户关注到为用户讲解商品，再到用户下单，这是一个完整直播销售逻辑链。为了提升直播间的成交转换率、转粉率，可以通过商品导入、介绍商品卖点、赢得用户信任、引导转化四步来完成直播间的商品营销。

第一步，商品导入。

为引出商品做铺垫，向用户说明"为什么要买"。最常见的引入方式是提问式，提出问题主要是为引出商品做铺垫。主播提出的问题，可以是用户感到困扰且需要解决的事情，如化妆卡粉、冬天皮肤干燥等。主播或用户提出问题后，主播即可顺势告知用户自己的商品能为其解决问题，从而让用户产生需求，留在直播间继续观看后续的直播内容。

第二步，介绍商品卖点。

引出商品后，就进入商品详解的步骤，这时，主播要将商品的卖点、利益点等介绍给用户。主播可应用FAB法则，围绕商品的属性、作用、利益点对商品进行详细讲解，让消费者产生"有需要、用得上、值得买"的感受，激发用户的购买欲，促进产品的销售。这一环节中，主播要特别注意两点：一是多描绘商品的使用场景，解决用户的"痛点"；二是制造货比货反差，让用户坚定对自己商品的选择，解决用户的"痒点"。

第三步，赢得用户信任。

赢得用户信任是促成销售的关键。为赢得用户的信任，通常可以采用权威背书、数据证明、现场体验三种方式交叉进行。权威背书是通过第三方的知名度、美誉度或权威性做出一种赞誉、支持；数据证明可通过商品的销量、用户评分、好评率及回购率等数据来证明商品的优质及受欢迎度；与此同时，主播在直播间的亲自体验，能让用户更直观地看到商品的特点、卖点，对用户而言更有说服力。

第四步，引导转化。

主播经过商品导入、介绍商品卖点、赢得用户信任三个步骤的层层铺垫后，还需要降低用户的购买"门槛"，从而营造商品的稀缺感。为成功引导转化，主播需要掌握两个技巧：一是展示商品的价格优势，引导用户在旗舰店或市场比价，体现直播间的价格优势；二是告知用户优惠的商品是限时限量的或将商品设定为粉丝专享，一来完成对用户的催单，二来能引导用户加入粉丝团。不管采用哪些技巧，最后都是为了最终的产品销售转化。

表4-27中是一些直播营销话术示例。

表4-27 单品直播营销话术设计示例

步骤	营销话术
商品导入	有没有夏天化妆，明明擦了定妆依旧卡粉、"吃"妆的女生？ 有没有长了痘痘、有粉色痘印、脸部红血丝很严重的女生

续表

步骤	营销话术
介绍商品卖点	主播给大家推荐的是一款自用的纯植物精华液，采用纯植物精华制成，如果你有肌肤缺水、出油等问题，这一瓶就可以帮你解决四季肌肤干燥的烦恼
赢得用户信任	X公司（某知名公司）是专做纯植物精粹的护肤品公司。 主播亲用，X明星都在用的一款精华液。 累计已销售20万套，顾客评分4.9分，用过的人都知道好
引导转化	X平台旗舰店599元/瓶，现在直播间只要399元/瓶，前50名下单再赠送1瓶。本款商品仅有200件，先拍先得，拍完恢复原价

我们在做直播营销话术设计时，有四点技巧：一是话术设计要尽量口语化，会更富有感染力；二是要灵活运用话术，避开有争议性的词语，以文明、礼貌为前提，将信息直接传递给用户；三是话术要配合情绪，让用户感受到主播的热情；四是语速、语调要适中，一般控制在130~150字/分钟。

探究

（1）根据学到的知识，运用"四步法"设计时长为5分钟的喜之郎蒟蒻果冻爽的营销话术，并填在表4-28中。

表4-28 喜之郎蒟蒻果冻爽营销话术

步骤	营销话术内容
商品导入	
介绍商品卖点	
赢得用户信任	
引导转化	

（2）请你根据所学知识，结合团队直播产品及直播主题，分别撰写一场直播的开场、引关注、促转化、保留存、下播等话术，并将话术填在表4-29中。

表4-29 本场直播的话术

话术类型	直播话术

分享

请与团队成员一起搜集并交流直播间的违禁词，把它们记录下来。

资料卡

一、直播间常用的话术设计

一场完整的直播往往包含开场、引关注、促转化、保留存、下播等环节，每个环节都有相应的话术，合理运用话术技巧，能直接影响直播间的销售量。

1. 常用的直播开场话术

直播开场话术用于直播暖场，主播可以说一些具有个人特色的欢迎语，也可以简单预告本场直播的主要内容。常用的开场话术如表4-30所示。

表4-30　常用的直播开场话术

序号	直播开场话术示例
1	大家好，我是一名新人主播，今天是我直播的××天，感谢大家对我的支持哦
2	哈喽~欢迎大家来到我的直播间，今天直播间的优惠史无前例，一定不要错过哦
3	大家好，我们是厂家直销，没有中间商赚差价，我们能给到你难以想象的折扣
4	大家好，欢迎来到××直播间，我在××行业深耕××年了，有丰富的资源和直播经验，所有商品都是亲用后推荐，请大家放心购买
5	欢迎大家来到直播间，我是主播××，今天是×节日的×商品的福利专场，全场×折起，大家千万不要离开我的直播间

2. 常用的引导用户关注的话术

在直播过程中，随时会有新用户进入直播间，主播要熟练、灵活地运用引导关注的话术，来留住用户。常用的引导关注的话术如表4-31所示。

表4-31　常用的引导关注的话术

序号	引导关注话术示例
1	欢迎××来到直播间，想要更多福利的宝宝点个关注哦
2	刚进来的宝宝（对观看直播的用户的称呼，用以拉近与用户的距离）可以关注主播，以便领取更多福利
3	关注人数达到××，主播就开始抽奖了！想要抽大礼的宝宝快动动手指关注起来
4	感谢××的关注，还没关注主播的宝宝们抓紧关注哟，主播每天都会赠送惊喜福利呢
5	明天直播间还会抽出一名幸运免单用户，一定要先关注主播哦，我们不定时会有惊喜福利

3. 常用的留存用户话术

想要留存用户，就需要在直播间输出对用户有价值的或直观的利益，常用的方法有领福袋、发红包、抽奖等，主播可以根据直播促销计划灵活调整留存话术。常用的留存用户的话术如表4-32所示。

表4-32　常用的留存用户的话术

序号	留存用户话术示例
1	下一次抽奖将在××分钟后开始！会送出××大礼！大家千万不要走开
2	欢迎新进来的宝宝，给主播点点赞，关注人数达到200人就会有一大波红包福利，点赞数到1万，也会发红包

续表

序号	留存用户话术示例
3	再过 3 分钟就要开始抽奖了！大家千万不要走开
4	宝宝们，21 点我们会发红包，22 点我们有 9.9 元秒杀活动哦
5	当用户提出"不回答我的问题"时：宝宝很抱歉！弹幕太多刷新的速度太快，主播看到一定会回的哦

4. 常用的促进商品转化的话术

直播带货的最终目的是促使用户下单购买商品，促进商品转化。促进商品转化的话术的设计逻辑主要包括打消用户的顾虑、制造稀缺感和紧迫感、提供优惠等。常用的促进商品转化的话术如表 4-33 所示。

表 4-33　常用的促进商品转化的话术

序号	促进商品转化话术示例
1	这款商品之前在 ××（平台）已经卖了 10 万套
2	购买我家的商品，如果买贵了，15 天内可以退差价，退货包运费
3	今天这个商品数量有限，只有 100 件，喜欢的宝宝们赶紧下单
4	×× 旗舰店的价格是 69 元一瓶，今天宝宝们在直播间买两瓶直接减 69 元，相当于第 1 瓶 69 元，第 2 瓶免费，再加 10 元，我再送你们一瓶喷雾
5	这次三折活动的力度真的很大，买两套非常划算，错过就再等一年！

5. 常用的直播下播话术

每一场直播都要有始有终，主播下播前可以向用户表示感谢，也可以进行下一场直播的预告。常用的直播下播话术如表 4-34 所示。

表 4-34　常用的直播下播的话术

序号	直播下播话术示例
1	今天的直播接近尾声了，明天晚上同样 ×× 点开播/明天会提早到 ×× 点开播，大家可以点一下关注哦
2	感谢 ×× 位在线粉丝陪我下播，更感谢从开播一直陪我到下播的粉丝 ××、××，陪伴是最长情的告白，你们的爱意我记在心里了
3	还有 10 分钟就下播了，非常感谢大家的陪伴，主播最后给大家抽个奖好不好？大家记得关注我，下次开播就会收到开播提醒
4	非常感谢所有还停留在我直播间的宝宝们，我每天的直播时间是 ×× 点，没点关注的记得点关注哦，明天还有宝宝们期待已久的"国潮"运动鞋哦
5	到了下播的时间了，感谢大家从开播一直陪我到下播，主播会继续为大家带来更多的福利

主播可以通过多种途径和渠道搜集、总结直播话术，但是直播话术不能靠死记硬背。由于直播现场存在一定的变数，所以主播要把控好整场直播的节奏，而运用直播话术的关键是懂得随机应变。多实践、多总结，积累直播的经验，形成一套自己的完整的直播话术框架，与用户建立信任关系以后，就能站在用户的角度设计话术，及时解决用户问题，提升直播间的销量。

二、直播脚本设计

直播脚本是影响直播活动成功与否的关键因素之一。整场直播的脚本通常以表格的形式呈现，整场直播脚本中的直播时间、直播地点、直播主题、直播目标、商品数量等要按照实际情况填写，直播流程需详细具体，以便主播把控整场直播的节奏。整场直播设计脚本要点如表4-35所示。

表 4-35　整场直播设计脚本示例

要点	×× 直播概述
直播时间	明确直播开始到结束的时间，如 2024 年 1 月 1 日 15：30—21：30
直播地点	明确直播地点，如 ×× 地 ×× 直播间
直播主题	明确直播主题，使用户了解直播信息，如：×× 品牌零食春节福利专场
直播目标	明确直播目标，即是以积累粉丝为主，还是以提高销售额为主。注意要将直播目标设定为可量化的指标，以便分析直播的效果
商品数量	注明商品的数量
主播介绍	介绍主播的名字、身份等
人员分工	明确参与直播的人员的职责，如主播负责讲解商品、演示商品功能、引导粉丝关注、下单等；助理负责协助主播与粉丝互动、回复粉丝问题等；场控/客服负责商品上下架、修改商品价格、发货与售后等
预告文案	撰写直播预告文案，如"时尚包包上新，锁定 ×× 直播间，×× 9.9 秒，限时限量等你来薅"
注意事项	说明直播的注意事项，如要丰富互动玩法，提高粉丝活跃度，提升粉丝数量 注意直播讲解节奏 注意直播讲解占比：商品讲解 60%+ 回复粉丝问题 30%+ 互动 10% 不同的商品要契合不同的应用场景 多讲解 ×× 系列新品
直播流程	直播流程的时间节点应尽可能详细，并说明开场预热、商品讲解、粉丝互动、结束预告等时间节点的具体内容

探索实践

体验

以元旦节假日为主题,撰写一场 60 分钟的全场直播脚本,填在表 4-36 中。

表 4-36 元旦直播脚本

要点	×× 直播概述
直播时间	
直播地点	
直播主题	
直播目标	
商品数量	
主播介绍	
人员分工	
预告文案	
注意事项	

直播流程				
时间段	流程规划	人员分工		
^	^	主播	助理	场控/客服

续表

时间段	流程规划	人员分工		
		主播	助理	场控/客服

拓展活动

请团队成员根据制定好的整场直播脚本，开启一场60分钟的直播活动。直播结束后，记录直播数据，进行直播复盘并完成表4-37。

表 4-37　直播复盘

直播平台		直播场地		直播时间	
主播		场控		直播主推品	
账号		开播日期		开播时长	
观众总数		付款总人数		付款订单数	
直播流量	直播人数峰值		互动数据	新增粉丝	
	观看次数			点赞数量	
	平均在线人数			评论数量	
	平均观看时长			直播互动次数	
商品数据	新增商品		收益数据	直播成交人数	
	商品曝光数			直播成交订单	
	商品点击数			收获打赏	
直播关注来源					
直播商品销售汇总					
产品	单价/元	数量	总价/元	转化率/%	点击率/%
直播总结					
场控人员确认		主播确认		备注及其他	

拓展阅读

请登录中国政府网阅读《网络直播营销管理办法（试行）》国务院部门文件（https://www.gov.cn/zhengce/zhengceku/2021-04/23/content_5601682.html）。

总结评价

我们只有做好组建直播团队、搭建直播场景、选择直播产品并做好定价策划、设计直播活动等工作，才能完成一场直播活动。

我的活动成果	
我获得的知识	
我受到的启发	
我的反思	

模块五 智慧服务

税收是国家赖以生存和发展的基础,具有筹集财政收入、调节经济运行、调节收入分配的重要职能。税收是国家组织财政收入的主要形式和工具,在保证和实现财政收入方面起着重要作用。

税收是国家为了向社会提供公共产品、满足社会共同需要,按照法律的规定,参与社会产品的分配,强制、无偿取得财政收入的一种规范形式。税收是国家财政收入的重要组成部分,是国家建设资金的重要来源,也是国家调节生产、流通、分配和消费的重要经济来源。税收的本质是无偿的、强制的,税收"取之于民,用之于民"。

学习目标

【了解知识与事实】

- 了解税收;
- 了解我国的主要税种;
- 列举纳税人的权利和义务;
- 列举常见税种的税收优惠政策。

【获取方法与技能】

- 能认识身边的税收现象,说出税收的来龙去脉;
- 学会运用个人所得税计算工具计算个人所得税;
- 能够用纳税人的义务约束自己自觉纳税;
- 学会利用生活中常见的税收优惠政策。

【形成观念与态度】

- 能从家庭、校园和社会中体会自己与税收的密切联系;
- 培养遵守税法、诚信征税的意识;
- 树立"税收连你我,强国靠大家"的理念,宣传税收在国民经济中起到的关键作用,做税收法治建设的积极参与者;
- 引导、激发学生学习税法知识的兴趣爱好,树立"我要学,我会用"的观念。

知识图谱

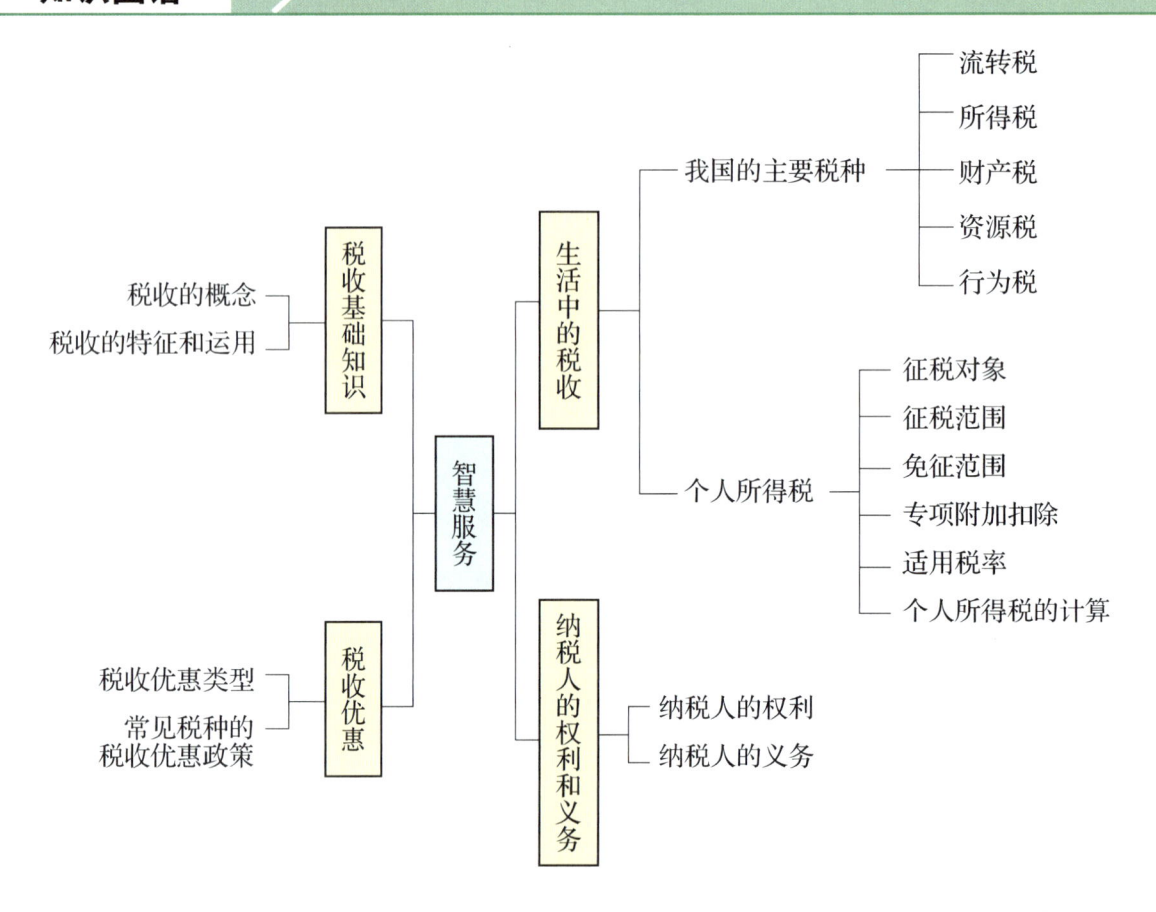

```
                                              ┌─ 流转税
                                              ├─ 所得税
                           ┌─ 我国的主要税种 ──┼─ 财产税
                           │                  ├─ 资源税
         ┌─ 税收的概念      │                  └─ 行为税
         │                  │
税收基础  ├─ 税收的特征和运用│
知识     │                  │
         │     生活中的     │                  ┌─ 征税对象
         │     税收         │                  ├─ 征税范围
智慧服务 ┤                  └─ 个人所得税 ─────┼─ 免征范围
         │                                     ├─ 专项附加扣除
         │                                     ├─ 适用税率
         │                                     └─ 个人所得税的计算
         │
         │  ┌─ 税收优惠类型
         │  │                  纳税人的    ┌─ 纳税人的权利
         └──┤ 税收优惠         权利和义务 ─┤
            └─ 常见税种的                   └─ 纳税人的义务
               税收优惠政策
```

学习情境一　税收基础知识

课前活动

扫一扫，观看《解密税收——为什么要收税》《税收的目的》小视频。

写一写：

（1）视频中，政府维持公共产品支出的最重要的收入是：_____。

解密税收——
为什么要收税

税收的目的

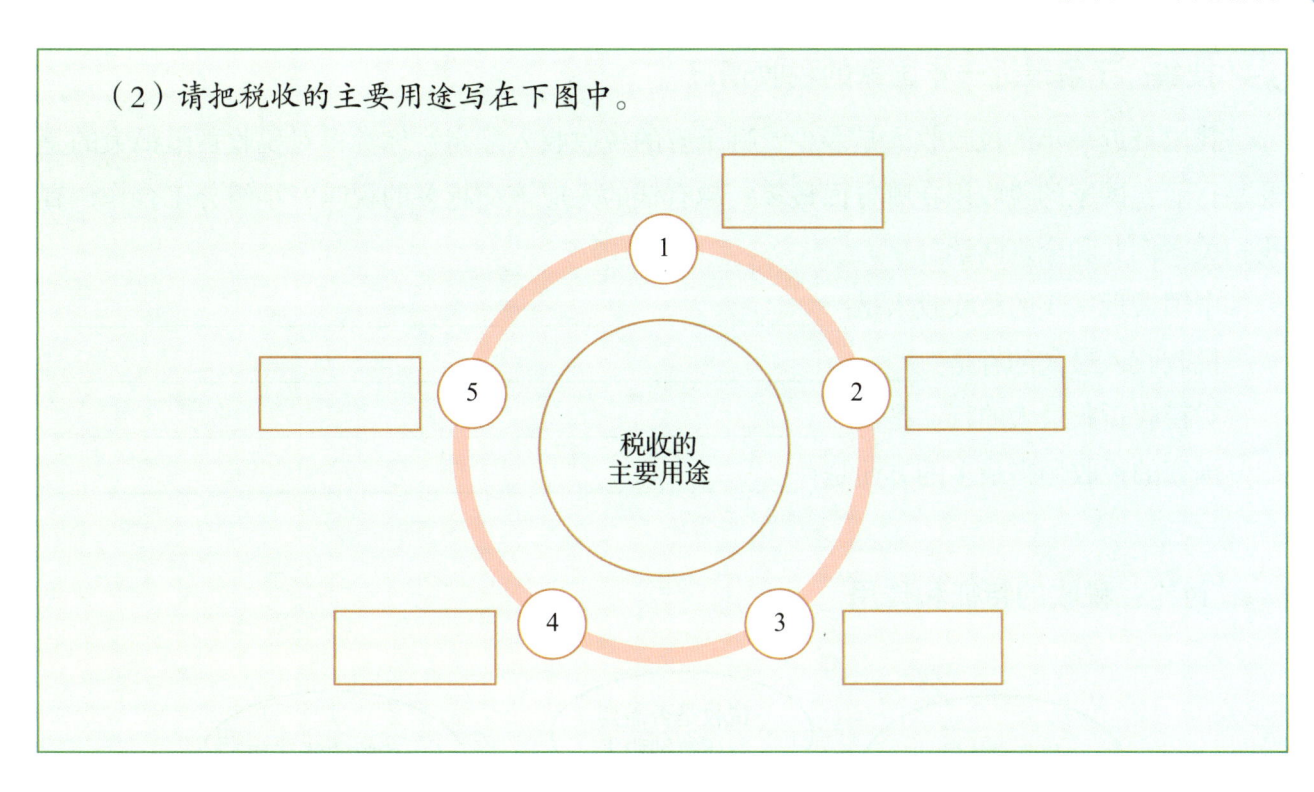

（2）请把税收的主要用途写在下图中。

税收的主要用途

1
2
3
4
5

过程活动

问题情境

小明经常听妈妈说"这个月个人所得税交了 25 元"。小明就问妈妈："为什么要交税？可不可以不交？"妈妈告诉小明必须按制度规定交税，但没法说清为什么要交税。现在，我们一起来了解税收的基础知识以及它的特征和作用。

访问

到社区进行采访，了解社区居民对税收知识的了解及纳税情况，并将采访结果填在表 5-1 中。

表 5-1 社区采访情况

采访对象	税收的用途	自己缴纳什么税

"智慧"财经素养活动学习指导教程

🔍 搜集：了解最近一年国家的税收情况

我国最近一年的税收收入是多少？哪个省的税收收入最高？你觉得对税收贡献最大的是哪些行业？国家的税收用在哪方面最多？越有钱的人应该交越多的税吗？小组分工合作，查找相关案例并和全班同学分享。

中国最近一年的税收收入是：_____。

税收收入最高的省是：_____。

对税收贡献最大的行业是：_____。

国家的税收用得最多的方面是：_____。

☕ 讨论：税收的特征和作用

（讨论气泡：税收交给谁，交多少；税收是否需要归还给纳税人；税收的特征和作用是什么）

💡 我的观点：

💡 同学观点：

📇 资料卡

一、关于税收

马克思指出："赋税是政府机器的经济基础，而不是其他任何东西。""国家存在的经济体现就是捐税。"恩格斯指出："为了维持这种公共权力，就需要公民缴纳费用——捐税。"

19世纪美国法官霍尔姆斯说:"税收是我们为文明社会付出的代价。"这些都说明了税收对于国家经济生活和社会文明的重要作用。

税收是国家财政收入最主要的来源。国家产生的同时,也就出现了保证国家实现其职能的财政,于是"税"应运而生。在我国,"税"的产生与发展可以追溯到4 000多年前。

我国古代第一个奴隶制国家夏朝,出现了最早的财政征收方式:"贡",即臣属将物品进献给君王。"贡"是王室作为土地所有者对土地收获的原始产物的强制课征,从税收起源角度看,由于王室是国家代表,因此,"贡"也具有一些税收萌芽的原始特征,是我国税收的雏形。

西周时,将征收军事物资称为"赋",征收土产物资称为"税"。

到春秋后期,赋与税统一按田亩征收。此时,国家征收不仅限于军赋,还包括用于国家其他方面支出的物品。此外,国家对关口、集市、山地、水面等征集的收入也称为"赋"。所以,此时的"赋"已不仅指国家征收的军用物品,而且具有"税"的含义了。

有历史典籍可查的对土地产物的直接征税始于公元前594年(鲁宣公15年),鲁国实行了"初税亩",按平均产量对土地征税,这就是中国最早的田税。后来,"赋"和"税"就往往并用了,统称赋税。

"初税亩"首次在法律上承认了土地私有制,是历史上一项重要的经济改革措施,也是税收起源的一个里程碑。

秦汉时,分别征收土地税、壮丁税和户口税。

明朝,摊丁入地,按土地征税。

清末,租税成为多种捐税的统称。农民向地主交纳实物称为租,向国家交纳货币称为税。

"摊丁入地"是将丁银摊入地亩征收,地丁合一,使土地的开垦面积和人口的增加达到了历史空前水平,对社会的发展有深远影响。

二、税收的来和去

税收是国家为了社会公共需要而征收的,我国税收的本质是取之于民,用之于民。

发展国防事业,保障国家安全,税收让国泰民安;

支持内政外交,服务政府运转,税收让国富民强;

投资基础设施,强化公共服务,税收让奥运兴盛;

着力改善民生,保障公民福利,税收让医疗便民;

联系世界人民,共建"一带一路",税收让文化传承;

改善生存环境,创造美好生活,税收让科技腾飞;

发展公益事业,帮扶弱势群体,税收让爱润心田。

三、税收的特征

（1）强制性。税收的强制性是指国家依照相关法律规定对社会产品进行强制性分配，所有有纳税义务的个人或集体都必须纳税，否则会依法受到处罚。

（2）无偿性。税收的无偿性是指国家征税以后对具体纳税人不付出任何形式的报酬和代价，征税后的税款即为国家所有，不再直接归还给纳税人。

（3）固定性。税收的固定性是指国家在征税前预先规定了征收对象、纳税人和征税标准等征税行为规范，征纳双方必须共同遵守，不能随意变动。

四、税收的作用

（1）税收是国家组织财政收入的主要形式。

（2）税收是国家调控经济运行的重要手段。

（3）税收具有维护国家政权的作用。

（4）税收是国际经济交往中维护国家利益的可靠保证。

探索实践

探究

根据访问、搜集到的资料，完成下列单选题。

（1）税收的目的是（　　）。
A. 为社会提供公共产品　　B. 组织收入
C. 私人需要　　D. 履行单位职能

（2）国家财政收入的主要形式是（　　）。
A. 国债　　B. 国有企业上交利润
C. 税收　　D. 罚没收入

（3）税收产生的社会条件是（　　）。
A. 私有制　　B. 公有制
C. 国家的产生和存在　　D. 税收特征

拓展阅读

《中华人民共和国税收征收管理法》《中华人民共和国企业所得税法》《中华人民共和国个人所得税法》《中华人民共和国增值税法》等。

学习情境二　生活中的税收

课前活动

阅读《交税了吗?》的故事，分享你的感受。

这个故事告诉我们：_____
_____
_____
_____

过程活动

问题情境

税收就在我们身边，与我们的生活息息相关。从国家建设到衣食住行，从便利办税到权益维护，这些都是税收在发挥作用。请思考，隐藏在日常生活中的税种有哪些？应该怎么计算并缴税呢？

"智慧"财经素养活动学习指导教程

📝 调查

请分别从下列常见的个人消费、家庭消费、家庭收入三个方面对自己家庭的交税情况进行调查，完成表5-2。

表5-2 家庭交税情况调查

家庭交税情况	有或无（请勾选）			
个人消费	使用一次性筷子 买海淘商品	□有□无 □有□无	买化妆品 买衣服	□有□无 □有□无
家庭消费	买家用汽车 买木地板 买柴米油盐	□有□无 □有□无 □有□无	买商品房 给汽车加油	□有□无 □有□无
家庭收入	家庭成员工资收入 炒股收入 卖二手房收入	□有□无 □有□无 □有□无	出租房屋收入 买彩票中奖 银行存款利息收入	□有□无 □有□无 □有□无

☕ 讨论

针对调查结果讨论：家庭纳税情况种类繁多，国家是怎么对税收进行分类的？

📹 了解

扫一扫，观看视频《主要税种及税法》，根据视频中的内容，回答下列问题。

主要税种及税法

（1）我国现行有（　　）个税种。
（2）我国已有（　　）个税种立法，尚未立法的有（　　）个税种。
（3）《中华人民共和国个人所得税法》于（　　）年（　　）月（　　）日开始施行。
（4）《中华人民共和国企业所得税法》于（　　）年（　　）月（　　）日开始施行。
（5）（　　）税是我国最大的税种，也是国际上最重要的流转税之一。

🔍 搜集：个人所得税相关政策

根据查找的资料，完善下方的思维导图。

个人所得税

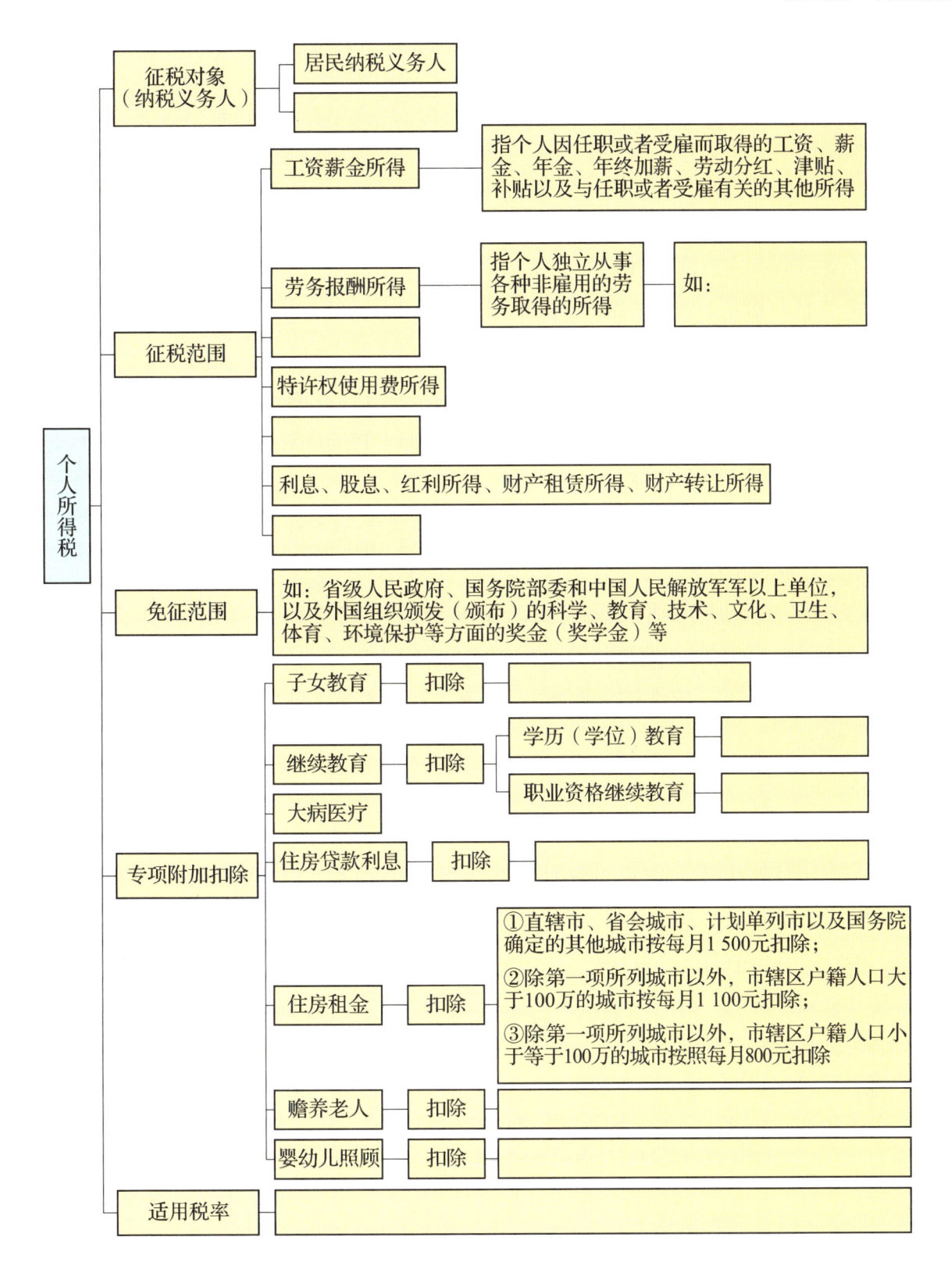

- **征税对象（纳税义务人）**
  - 居民纳税义务人
  - （空）

- **征税范围**
  - 工资薪金所得 —— 指个人因任职或者受雇而取得的工资、薪金、年金、年终加薪、劳动分红、津贴、补贴以及与任职或者受雇有关的其他所得
  - 劳务报酬所得 —— 指个人独立从事各种非雇用的劳务取得的所得 —— 如：
  - 特许权使用费所得
  - 利息、股息、红利所得、财产租赁所得、财产转让所得

- **免征范围**
  - 如：省级人民政府、国务院部委和中国人民解放军军以上单位，以及外国组织颁发（颁布）的科学、教育、技术、文化、卫生、体育、环境保护等方面的奖金（奖学金）等

- **专项附加扣除**
  - 子女教育 — 扣除
  - 继续教育 — 扣除
    - 学历（学位）教育
    - 职业资格继续教育
  - 大病医疗
  - 住房贷款利息 — 扣除
  - 住房租金 — 扣除
    - ①直辖市、省会城市、计划单列市以及国务院确定的其他城市按每月1 500元扣除；
    - ②除第一项所列城市以外，市辖区户籍人口大于100万的城市按每月1 100元扣除；
    - ③除第一项所列城市以外，市辖区户籍人口小于等于100万的城市按照每月800元扣除
  - 赡养老人 — 扣除
  - 婴幼儿照顾 — 扣除

- **适用税率**

个人所得税计算与分析

假如你是一位工薪阶层人士且是独生子女，月收入为20 000元，五险一金个人承担部分为每月4 500元。你有一个正在上小学的孩子，并且你的父母已经超过60岁，需要你的

赡养。此外，你正在支付首套住房的贷款。请尝试计算每月预缴的个人所得税。

1. 计算步骤

第一步：计算每月税前扣除总额。

（1）基本减除费用：所有纳税人均可享受的标准扣除，每月为5 000元。

（2）五险一金减除：据实减除。

（3）子女教育扣除：根据2023年的新规定，每个子女每月可扣除2 000元。

（4）赡养老人扣除：每月可扣除3 000元。

（5）住房贷款利息扣除：每月可扣除1 000元。

（6）每月税前扣除总额 = 基本减除费用 + 五险一金 + 子女教育扣除 + 赡养老人扣除 + 住房贷款利息扣除 = 5 000 + 4 500 + 2 000 + 3 000 + 1 000 = 15 500（元）。

第二步：计算应纳税所得额。

应纳税所得额 = 月收入 − 总扣除额 = 20 000 − 15 500 = 4 500（元）。

第三步：计算应纳税额。

根据工资、薪金所得适用税率表，如果您的应纳税所得额落在第二档（3 000~12 000元），则税率为10%，速算扣除数为210元。综上，应纳个人所得税额如下。

应纳个人所得税额 = 应纳税所得额 × 税率 − 速算扣除数 = 4 500 × 10% − 210 = 450 − 210 = 240（元）。

2. 分析

（1）计算未使用扣除项的应纳税额。

如果不使用任何扣除项，你的应纳税所得额将为10 500元（20 000 − 5 000的基本减除费用 − 4 500的社保及公积金），则应纳税额 = 10 500 × 10% − 210 = 1 050 − 210 = 840（元）。

（2）每月节省差额对比。

通过专项附加扣除，你的应纳税额从840元降低到240元，每月节省了600元，一年累计少交个人所得税额7 200元。

3. 结论

这个计算示例清晰地展示了通过合理利用个人所得税专项附加扣除，可以显著减轻自己的税收负担。这不仅增加了自己的可支配收入，还提供了对家庭重要支出（如子女教育、赡养老人、住房贷款）的税务优惠。了解并正确申报这些扣除项，对于提高自己的财务效率至关重要。

资料卡

一、我国税收的分类及现行税种

按征税对象分类，我国税种可分为五种类型共 18 个税种。

（1）流转税类：以货物或劳务的流转额为征税对象，主要有增值税、消费税和关税。

（2）所得税类（也称收益税）：以各种所得额为课税对象，主要有企业所得税、个人所得税。

（3）财产税类：以纳税人拥有的财产数量或财产价值为征税对象，主要有房产税、车船税、契税。

（4）资源税类：以自然资源和某些社会资源为征税对象，主要有资源税、土地增值税、城镇土地使用税、环境保护税、烟叶税。

（5）行为税类：以纳税人的某些特定行为为课税对象，主要有印花税、城市维护建设税、车辆购置税、耕地占用税、船舶吨税。

现行税种图示如下。

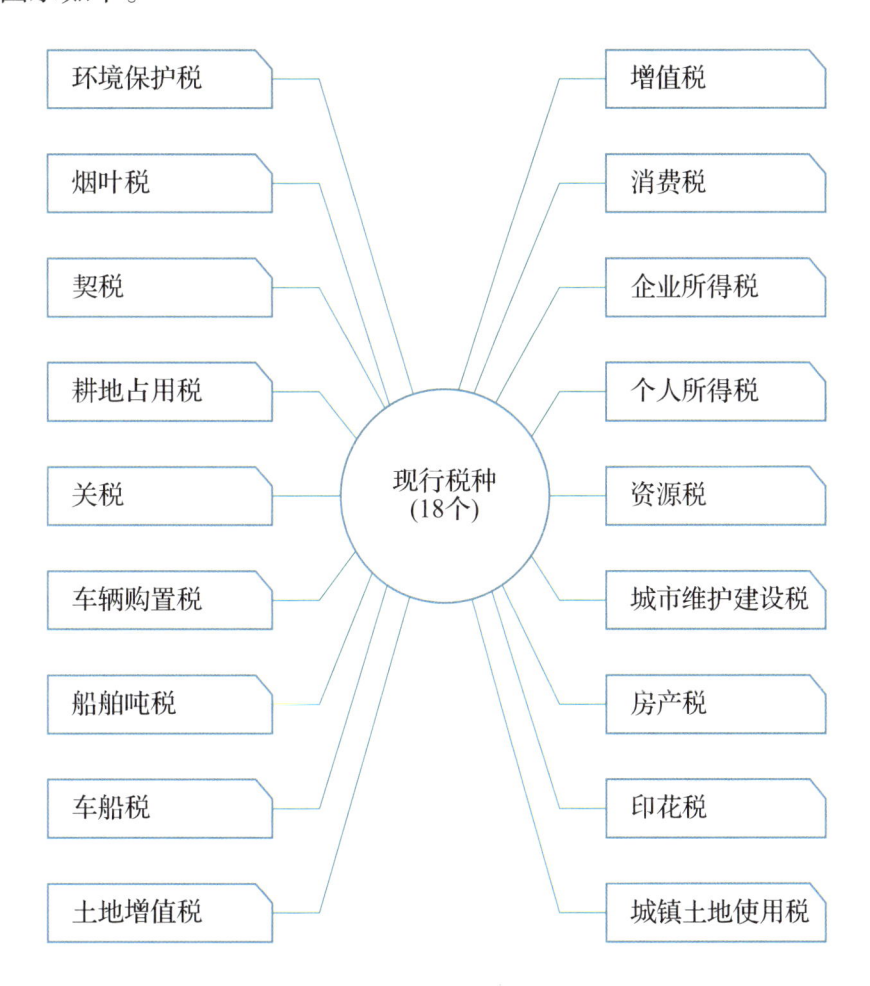

现行税种（18个）：环境保护税、烟叶税、契税、耕地占用税、关税、车辆购置税、船舶吨税、车船税、土地增值税、增值税、消费税、企业所得税、个人所得税、资源税、城市维护建设税、房产税、印花税、城镇土地使用税

二、个人所得税

个人所得税是国家对本国公民、居住在本国境内的个人的所得和境外个人来源于本国的所得征收的一种所得税。

1. 征税对象

个人所得税的纳税义务人，既包括居民纳税义务人，也包括非居民纳税义务人。

2. 征税范围

（1）工资薪金所得：指个人因任职或者受雇而取得的工资、薪金、年金、年终加薪、劳动分红、津贴、补贴以及与任职或者受雇有关的其他所得。

（2）劳务报酬所得：指个人独立从事各种非雇用的劳务取得的所得，包括设计、装潢、安装、制图、化验等服务以及其他劳务。

（3）稿酬所得：指个人因其作品以图书、报刊形式出版、发表而取得的所得。

（4）特许权使用费所得：指个人提供专利权、商标权、著作权、非专利技术以及其他特许权的使用权取得的所得。

（5）经营所得：①个体工商户从事生产、经营活动取得的所得，个人独资企业投资人、合伙企业的个人合伙人来源于境内注册的个人独资企业、合伙企业生产、经营的所得；②个人依法从事办学、医疗、咨询以及其他有偿服务活动取得的所得；③个人对企业、事业单位承包经营、承租经营以及转包、转租取得的所得；④个人从事其他生产、经营活动取得的所得。

（6）利息、股息、红利所得：指个人拥有债权、股权而取得的利息、股息、红利所得。

（7）财产租赁所得：指个人出租不动产、机器设备、车船以及其他财产取得的所得。

（8）财产转让所得：指个人转让有价证券、股权、合伙企业中的财产份额、不动产、机器设备、车船以及其他财产取得的所得。

（9）偶然所得：指个人得奖、中奖、中彩以及其他偶然性质的所得。

3. 免征范围

（1）省级人民政府、国务院部委和中国人民解放军军以上单位，以及外国组织颁发（颁布）的科学、教育、技术、文化、卫生、体育、环境保护等方面的奖金（奖学金）。

（2）国债和国家发行的金融债券利息、地方债券利息。

（3）按照国家统一规定发给的补贴、津贴。

（4）福利费、抚恤金、救济金。

（5）保险赔款。

（6）军人的转业费、复员费。

（7）按照国家统一规定发给干部、职工的安家费、退职费、基本养老金或者退休费、离

休费、离休生活补助费。

（8）依照我国有关法律规定应予免税的各国驻华使馆、领事馆的外交代表、领事官员和其他人员的所得。

（9）中国政府参加的国际公约以及签订协议中规定免税的所得。

（10）个人按照省级以上人民政府规定的比例缴付的住房公积金、医疗保险金、基本养老保险金、失业保险金，允许在个人应纳税所得额中扣除，免予征收个人所得税。

（11）个人举报、协查各种违法、犯罪行为而获得的奖金。

（12）个人办理代扣代缴税款手续，按规定取得的扣缴手续费。

（13）个人转让自用达5年以上并且是家庭唯一的生活用房取得的所得。

（14）符合地方政府规定条件的城镇住房保障家庭从地方政府领取的住房租赁补贴，免征个人所得税。

4. 专项附加扣除

个人所得税专项附加扣除包含子女教育、继续教育、大病医疗、住房贷款利息、住房租金、赡养老人以及婴幼儿照顾七项。

（1）子女教育。

纳税人的子女接受全日制学历教育的相关支出，子女年满3岁至小学入学前处于学前教育阶段的相关支出，按照每个子女每月2 000元的标准定额扣除。父母可以选择由其中一方按扣除标准的100%扣除，也可选择双方按扣除标准的50%扣除。

学历教育包括义务教育（小学、初中教育）、高中阶段教育（普通高中、中等职业、技工教育）、高等教育（大学专科、大学本科、硕士研究生、博士研究生教育）。纳税人子女在中国境外接受教育的，纳税人应当留存境外学校录取通知书、留学签证等相关教育的证明资料备查。

（2）继续教育。

纳税人在中国境内接受学历（学位）继续教育的支出。

在学历（学位）教育期间按照每月400元的定额扣除。同一学历继续教育的扣除期限不超过48个月。

纳税人接受技能人员职业资格继续教育、专业技术人员职业资格继续教育支出，在取得相关证书的当年按照3 600元定额扣除。

个人接受本科及以下的继续教育可选择本人扣除或者其父母扣除。纳税人接受技能人员职业资格继续教育、专业技术人员职业资格继续教育的，应当留存相关证书等资料备查。

（3）大病医疗。

在一个纳税年度内，纳税人发生的与基本医保相关的医药费用，扣除医保报销后个人负担累计超过15 000元的部分，由纳税人在办理年度汇算清缴时，在80 000元限额内据实扣除。纳税人发生的医药费用支出可选择由本人或其配偶一方扣除，未成年子女由父母一方扣除。

纳税人应当留存医药服务收费及医保报销相关票据原件（或者复印件）等资料备查。医疗保障部门应当向患者提供在医疗保障信息系统记录的本人的年度医药费用信息查询服务。

（4）住房贷款利息。

纳税人本人或者配偶单独或者共同使用商业银行或者住房公积金个人住房贷款为本人或者其配偶购买中国境内住房，发生的首套住房贷款利息支出，在实际发生贷款利息的年度，按照每月1 000元标准定额扣除，扣除期限最长不超过240个月。

夫妻可以选择由其中一方扣除，扣除方式在一个纳税年度内不能变更。

夫妻双方婚前分别购买住房发生的首套住房贷款，其贷款利息支出，婚后可以选择其中一套购买的住房，由购买方按扣除标准的100%扣除，也可以由夫妻双方对各自购买的住房分别按扣除标准的50%扣除，具体扣除方式在一个纳税年度内不能变更。

纳税人应当留存住房贷款合同、贷款还款支出凭证备查。

（5）住房租金。

①直辖市、省会城市、计划单列市以及国务院确定的其他城市按每月1 500元扣除。

②除第一项所列城市以外，市辖区户籍人口大于100万的城市按每月1 100元扣除。

③除第一项所列城市以外，市辖区户籍人口小于等于100万的城市按照每月800元扣除。

纳税人的配偶在纳税人的主要工作城市有自有住房的，视同纳税人在主要工作城市有自有住房。夫妻双方主要工作城市相同的，只能由一方扣除住房租金支出。此外，纳税人及其配偶在一个纳税年度内不能同时分别享受住房贷款利息和住房租金专项附加扣除。

（6）赡养老人。

纳税人为独生子女的，按照每月3 000元的标准定额扣除；非独生子女的，由其兄弟姐妹分摊每月3 000元的扣除额度，每人分摊的额度不能超过每月1 500元，可以由赡养人均摊或者约定分摊，也可以由被赡养人指定分摊。约定或者指定分摊的须签订书面分摊协议，指定分摊优先于约定分摊。具体分摊方式和额度在一个纳税年度内不能变更。

被赡养人是指年满60岁的父母，以及子女均已去世的年满60岁的祖父母、外祖父母。

（7）婴幼儿照顾。

纳税人照护3岁以下婴幼儿子女的相关支出，按照每个婴幼儿每月2 000元的标准定额扣除。父母可以选择由其中一方按扣除标准的100%扣除，也可以选择由双方分别按扣除标准的50%扣除，具体扣除方式在一个纳税年度内不能变更。

5. 适用税率

根据最新个人所得税政策，2023年个人所得税起征点为5 000元，即每月工资在5 000

元以下的人员，不需要缴纳个人所得税。全年工资、薪金所得适用税率和月度税率如表5-3和表5-4所示。

表5-3 全年工资、薪金所得适用税率

级数	全年应纳税所得额	税率/%	速算扣除数
1	不超过36 000元的	3	0
2	超过36 000元至144 000元的部分	10	2 520
3	超过144 000元至300 000元的部分	20	16 920
4	超过300 000元至420 000元的部分	25	31 920
5	超过420 000元至660 000元的部分	30	52 920
6	超过660 000元至960 000元的部分	35	85 920
7	超过960 000元的部分	45	181 920

表5-4 月度税率

级数	全月应纳税所得额	税率/%	速算扣除数
1	不超过3 000元的	3	0
2	超过3 000元至12 000元的部分	10	210
3	超过12 000元至25 000元的部分	20	1 410
4	超过25 000元至35 000元的部分	25	2 660
5	超过35 000元至55 000元的部分	30	4 410
6	超过55 000元至80 000元的部分	35	7 160
7	超过80 000元的部分	45	15 160

此外，我们还需要了解其他所得适用税率。

其他所得适用税率：利息、股息、红利所得，财产租赁所得，财产转让所得和偶然所得，适用20%的比例税率。

6. 应纳税所得额计算

（1）计算公式。

应纳税所得额 = 综合所得 - 依法规定的免征额5 000元（基本减除费用）- 社保及公积金个人部分（个人基本养老保险、基本医疗保险、失业保险、住房公积金等专项扣除项目）- 专项附加扣除项目（子女教育支出、继续教育支出、大病医疗支出、住房贷款利息或者住房租金、赡养老人支出等）

个人应缴纳的个人所得税 = 应纳税所得额 × 税率（分级计算税率）- 速算扣除数

（2）个人所得税计算方式。

个人所得税的计算方式有单独计税和并入综合所得计税两种方式。

单独计税是根据全年一次性奖金收入和适用税率进行计算，并入综合所得计税是根据全年收入减去各项减除费用后再乘以税率进行计算。享受一次性扣除 60 000 元（每月扣除 5 000 元，12 个月共扣除 60 000 元）减除费用的条件包括上一纳税年度在同一单位预扣预缴工资薪金所得个人所得税、累计工资薪金收入不超过 60 000 元以及本纳税年度继续在该单位任职受雇并取得工资薪金所得。

探索实践

体验

（1）请你根据父（母）亲的月收入，计算父（母）亲预缴的个人所得税。

假设父（母）亲 12 月应发工资收入为_____元，每月减除费用 5 000 元，"五险一金"扣除 1 200 元，作为独生子女享受赡养老人专项扣除 3 000 元，两个孩子的教育专项扣除每个子女每月 2 000 元。试计算父（母）亲 12 月应缴的个人所得税。

（2）假如父亲 12 月获得福利彩票收入 3 000 元，请帮父亲计算应缴的个人所得税。

（3）完成个人所得税申报。

步骤1	步骤2	步骤3	步骤4
登录个人所得税App手机端	点击"我要办税"	填写个人专项附加扣除标准	选择申报年度进行申报

拓展阅读

《中华人民共和国个人所得税法》《国务院关于提高个人所得税有关专项附加扣除标准的通知》（国发〔2023〕13 号）。

学习情境三　纳税人的权利和义务

课前活动

纳税人的权利是指纳税人在依法履行纳税义务时，由法律确认、保障与尊重的权利和利益，以及当纳税人的合法权益受到侵犯时，纳税人所应获得的救助与补偿权利。我国现行税法规定，纳税人及扣缴义务人（统称纳税人）享有多方面的权利。请你填写下面的调查问卷，对自己在纳税人的权利和义务方面的知识的了解做个评定。

（1）你是否了解纳税人的权利和义务？（　　）（单选）

A. 了解　　　　　　　　　　　　B. 不了解

（2）纳税人包括（　　）。（多选）

A. 纳税人　　　　　　　　　　　B. 扣缴义务人

C. 自然人　　　　　　　　　　　D. 法人企业

（3）你身边的亲人或朋友是否了解纳税人的权利和义务？（　　）（单选）

A. 是　　　　　　　　　　　　　B. 否

（4）你是否了解我国的税收法律和法规？（　　）（单选）

A. 是　　　　　　　　　　　　　B. 否

（5）你是否愿意学习更多关于税收法律的知识和纳税方法？（　　）（单选）

A. 愿意　　　　　　　　　　　　B. 不愿意

（6）你是否愿意充当税收宣传员，向社区、亲人和朋友广泛宣传我国的税收政策？（　　）（单选）

A. 愿意　　　　　　　　　　　　B. 不愿意

（7）以下哪些选项内容属于纳税人的权利和义务？（　　）。（多选）

A. 保密权　　　　　　　　　　　B. 知情权

C. 接受依法检查的义务　　　　　D. 申请延期申报

（8）你是否是纳税人？（　　）（单选）

A. 是　　　　　　　　　　　　　B. 否

说明：本调查问卷共8题，单选题每题1分，每道多选题的备选项中都有2个或2个以上符合题意，选对1项得1分，选错不得分。

得 10~13 分：已经有较强的税收意识，能主动了解税收相关知识。

得 6~9 分：有一定的税收意识，有必要更深入地学习税收知识。

得 5 分以下（含 5 分）：缺乏对税收知识的了解，缺乏了解纳税人权利和义务的意识，有待加强这方面的学习。

过程活动

问题情境

小铭的爸爸开了一家"铭铭"个体快餐店，某年年底，税务局举行个体定额调整听证会，会上，税务局把"铭铭"个体快餐店的流水账等经营资料作为个体定额调整的参考。会后，小铭爸爸认为税务局的做法侵害了他的合法权益。

请问：纳税人有哪些权利和义务？小铭爸爸的合法权益受到侵害了吗？

搜集：常见的纳税人的权利和义务

上网或查阅相关图书，了解常见的纳税人的权利和义务，完成表 5-5。

表 5-5 常见的纳税人的权利和义务

常见的纳税人的权利和义务	概念	具体包括
税收知情权	纳税人有权向税务机关了解国家税收法律、行政法规的规定，以及与纳税程序有关的情况，享有被告知与自身纳税义务有关信息的权利	现行法律法规规定，办理税收事项的时间、方式、步骤及提交的资料等
保密权		
税收监督权		
按时、如实申报的义务		

分析

税务局的做法会侵害小铭爸爸的哪些合法权益？

资料卡

一、纳税人的权利

1. 知情权

纳税人有权向税务机关了解国家税收法律、行政法规的规定，以及与纳税程序有关的情况，享有被告知与自身纳税义务有关信息的权利，包括：现行税收法律、行政法规和税收政策规定；办理税收事项的时间、方式、步骤及需要提交的资料；应纳税额核定及其他税务行政处理决定的法律依据、事实依据和计算方法；与税务机关在纳税、处罚和采取强制执行措施时发生争议或纠纷时，纳税人可以采取的法律救济途径及需要满足的条件。

2. 保密权

纳税人有权要求税务机关对其商业秘密及个人隐私保密，包括纳税人的技术信息、经营信息和主要投资人以及经营者不愿公开的个人事项。

3. 税收监督权

纳税人有权控告和检举税务机关、税务人员的违法违纪行为，如索贿受贿、徇私舞弊、玩忽职守，不征或者少征应征税款，滥用职权多征税款或者故意刁难纳税人等。同时，纳税人也有权检举其他纳税人的税收违法行为。

4. 纳税申报方式选择权

纳税人可以直接到办税服务厅办理纳税申报或者报送代扣代缴、代收代缴税款报告表，也可以按照规定采取邮寄、数据电文或者其他方式办理上述申报、报送事项。

5. 申请延期申报权

纳税人不能按期办理纳税申报或者报送代扣代缴、代收代缴税款报告表的，应当在规定的期限内向税务机关提出书面延期申请，经核准，可在核准的期限内办理。

6. 申请延期缴纳税款权

纳税人因有特殊困难，不能按期缴纳税款的，经省、自治区、直辖市税务机关批准，可以延期缴纳税款，但是最长不得超过三个月。

7. 申请退还多缴税款权

对纳税人超过应纳税额缴纳的税款，税务机关发现后，将自发现之日起 10 日内办理退还手续；纳税人自结算缴纳税款之日起三年内发现的，可以向税务机关要求退还多缴的税款并加算银行同期存款利息，税务机关及时查实后应当立即退还。

8. 依法享受税收优惠权

纳税人依法享有申请减税、免税、退税的权利，即有权根据法律法规规定向税务机关申请享受税收优惠的权利。

9. 委托税务代理权

纳税人有权委托税务代理人代为办理以下事项：办理、变更或者注销税务登记，除增值税专用发票外的发票领购手续，纳税申报或扣缴税款报告，税款缴纳和申请退税，制作涉税文书，审查纳税情况，建账建制，办理财务、税务咨询，申请税务行政复议，提起税务行政诉讼以及国家税务总局规定的其他业务。

10. 陈述权与申辩权

纳税人对税务机关所做出的行政处罚决定，享有陈述权、申辩权。如果纳税人有充分的证据证明自己的行为合法，税务机关就无权对其实施行政处罚，即使纳税人的陈述或申辩不充分合理，税务机关也应当解释其行政处罚行为的原因。

11. 对未出示税务检查证和税务检查通知书的拒绝检查权

纳税人在接受税务检查时，有权要求检查人员出示税务检查证和税务检查通知书，未出示的，纳税人有权拒绝检查。

12. 税收法律救济权

纳税人对税务机关做出的决定，依法享有申请行政复议、提起行政诉讼、请求国家赔偿等权利。

13. 依法要求听证的权利

对纳税人做出规定金额以上罚款的行政处罚之前，税务机关会向纳税人送达《税务行政处罚事项告知书》，告知纳税人已经查明的违法事实、证据、行政处罚的法律依据和拟将给予的行政处罚。对此，纳税人有权要求举行听证。

14. 索取有关税收凭证的权利

税务机关征收税款时，必须给纳税人开具完税凭证。扣缴义务人代扣、代收税款时，纳税人要求扣缴义务人开具代扣、代收税款凭证时，扣缴义务人应当开具。

二、纳税人的义务

"没有无权利的义务，也没有无义务的权利。"纳税人的权利和义务是均衡的，依照宪法、税收法律和行政法规的规定，纳税人在纳税过程中负有以下义务。

1. 依法进行税务登记的义务

纳税人应当自领取营业执照之日起30日内，持有关证件，向税务机关申报办理税务登记。税务登记主要包括领取营业执照后的设立登记，税务登记内容发生变化后的变更登记，依法申请停业、复业登记，依法终止纳税义务的注销登记等。

2. 依法设置账簿、保管账簿和有关资料以及依法开具、使用、取得和保管发票的义务

纳税人应当按照有关法律、行政法规和国务院财政、税务主管部门的规定设置账簿，根据合法、有效凭证记账，进行核算；从事生产、经营的，必须按照国务院财政、税务主管部门规定的保管期限保管账簿、记账凭证、完税凭证及其他有关资料。

此外，纳税人在购销商品、提供或者接受经营服务以及从事其他经营活动中，应当依法开具、使用、取得和保管发票。

3. 财务会计制度和会计核算软件备案的义务

纳税人的财务、会计制度或者财务、会计处理办法和会计核算软件，应当报送税务机关备案。

4. 按照规定安装、使用税控装置的义务

国家根据税收征收管理的需要，积极推广使用税控装置。纳税人应当按照规定安装、使用税控装置，不得损毁或者擅自改动税控装置。如纳税人未按规定安装、使用税控装置，损毁或者擅自改动税控装置的，税务机关将责令纳税人限期改正，并可根据情节轻重处以规定数额内的罚款。

5. 按时、如实申报的义务

纳税人必须依照法律、行政法规规定或者税务机关依照法律、行政法规的规定确定的申报期限、申报内容如实办理纳税申报，报送纳税申报表、财务会计报表以及税务机关根据实际需要要求纳税人报送的其他纳税资料。

6. 按时缴纳税款的义务

纳税人应当按照法律、行政法规规定或者税务机关依照法律、行政法规的规定确定的期限，缴纳或者解缴税款。未按照规定期限缴纳税款或者未按照规定期限解缴税款的，税务机关除责令限期缴纳外，从滞纳税款之日起，按日加收滞纳税款万分之五的滞纳金。

7. 代扣、代收税款的义务

法律、行政法规规定负有代扣代缴、代收代缴税款义务的扣缴义务人，必须依照法律、行政法规的规定履行代扣、代收税款的义务。扣缴义务人依法履行代扣、代收税款义务时，纳税人不得拒绝。

8. 接受依法检查的义务

纳税人、扣缴义务人有接受税务机关依法进行税务检查的义务，应主动配合税务机关按法定程序进行的税务检查，如实地向税务机关反映自己的生产经营情况和执行财务制度的情况，并按有关规定提供报表和资料，不得隐瞒和弄虚作假，不能阻挠、刁难税务机关及其工作人员的检查和监督。

9. 及时提供信息的义务

纳税人除通过税务登记和纳税申报向税务机关提供与纳税有关的信息外，还应及时提供

其他信息。如纳税人有歇业、经营情况变化、遭受各种灾害等特殊情况的，应及时向税务机关说明，以便税务机关依法妥善处理。

10. 报告其他涉税信息的义务

为了保障国家税收能够及时、足额征收入库，税收法律还规定了纳税人有义务向税务机关报告以下涉税信息。

（1）纳税人有义务就与关联企业之间的业务往来，向当地税务机关提供有关的价格、费用标准等资料。纳税人有欠税情形而以财产设定抵押、质押的，应当向抵押权人、质权人说明欠税情况。

（2）报告企业合并、分立情况。纳税人有合并、分立情形的，应当向税务机关报告，并依法缴清税款。合并时未缴清税款的，应当由合并后的纳税人继续履行未履行的纳税义务；分立时未缴清税款的，分立后的纳税人对未履行的纳税义务应当承担连带责任。

（3）报告全部账号。如纳税人从事生产、经营，应当按照国家有关规定，持税务登记证件，在银行或者其他金融机构开立基本存款账户和其他存款账户，并自开立基本存款账户或者其他存款账户之日起15日内，向主管税务机关书面报告全部账号；发生变化的，应当自变化之日起15日内，向主管税务机关提交书面报告。

（4）报告大额财产处分。如纳税人的欠缴税款数额在5万元以上，处分不动产或者大额资产之前，应当向税务机关报告。

探索实践

体验

扫一扫，观看视频《如何纳税》。

（1）请你询问爸爸妈妈，他们的个人所得税纳税方式是＿＿＿＿＿＿＿＿＿＿＿＿＿。

（2）如果你纳税申报，你会选＿＿＿＿＿＿＿＿＿＿＿＿＿＿＿纳税方式。

如何纳税

分享

（1）可推荐的纳税方式有哪些？

（2）你还有哪些建议？

拓展阅读

《中华人民共和国税收征收管理法》。

模块五 智慧服务

学习情境四 税收优惠

课前活动

扫一扫，观看《数字背后的你》小视频。

写一写：视频中的税收优惠给你带来了哪些影响？

数字背后的你

过程活动

问题情境

小明的爸爸为了研发一种革命性创新产品，不断投入金钱和精力，为了保证有充足的资金投入研发，小明爸爸到税务部门咨询是否有支持企业技术研发相关的税收优惠政策。税务部门工作人员向小明爸爸介绍了国家税收减免和优惠政策，小明爸爸了解国家税收政策后，更有信心研发革命性创新产品了。那么，什么是税收优惠？税收优惠对老百姓的家庭有何影响？

🔍 搜集：我国目前各税种的税收优惠政策

上网或查阅相关图书，了解我国目前个人所得税和企业所得税等税种的税收优惠政策，将表5-6补充完整。

表5-6 我国的部分税收优惠政策

税种	优惠政策
个人所得税	提高个人所得税专项附加扣除标准。 根据国务院的通知，为减轻家庭生育养育和赡养老人的支出负担，提高了3项个人所得税专项附加扣除标准： ①3岁以下婴幼儿照护专项附加扣除标准提高到每个婴幼儿每月（　　　）元； ②子女教育专项附加扣除标准提高到每个子女每月（　　　）元； ③赡养老人专项附加扣除标准提高到每月（　　　）元。其中，独生子女按照每月3 000元的标准定额扣除，非独生子女与兄弟姐妹分摊每月3 000元的扣除额度，每人分摊的额度不能超过每月1 500元

149

续表

税种	优惠政策
小微企业和个体工商户发展有关税费政策	**财政部 税务总局** **关于进一步支持小微企业和个体工商户发展** **有关税费政策的公告** 财政部 税务总局公告 2023 年第 12 号 为进一步支持小微企业和个体工商户发展，现将有关税费政策公告如下： 一、自 2023 年 1 月 1 日至 2027 年 12 月 31 日，对个体工商户年应纳税所得额不超过（　　）万元的部分，减半征收个人所得税。个体工商户在享受现行其他个人所得税优惠政策的基础上，可叠加享受本条优惠政策。 二、自 2023 年 1 月 1 日至 2027 年 12 月 31 日，对增值税小规模纳税人、小型微利企业和个体工商户（　　）征收资源税（不含水资源税）、城市维护建设税、房产税、城镇土地使用税、印花税（不含证券交易印花税）、耕地占用税和教育费附加、地方教育附加。 三、对（　　）企业减按 25% 计算应纳税所得额，按 20% 的税率缴纳企业所得税政策，延续执行至 2027 年 12 月 31 日。 四、增值税小规模纳税人、小型微利企业和个体工商户已依法享受资源税、城市维护建设税、房产税、城镇土地使用税、印花税、耕地占用税、教育费附加、地方教育附加等其他优惠政策的，（　　）享受本公告第二条规定的优惠政策。 五、本公告所称小型微利企业，是指从事国家非限制和禁止行业，且同时符合年度应纳税所得额不超过 300 万元、从业人数不超过 300 人、资产总额不超过 5 000 万元等三个条件的企业。 小型微利企业的判定以企业所得税年度汇算清缴结果为准。登记为增值税一般纳税人的新设立的企业，从事国家非限制和禁止行业，且同时符合申报期上月末从业人数不超过 300 人、资产总额不超过 5 000 万元等两个条件的，可在首次办理汇算清缴前按照小型微利企业申报享受第二条规定的优惠政策。 六、本公告发布之日前，已征的相关税款，可抵减纳税人以后月份应缴纳税款或予以退还。发布之日前已办理注销的，不再追溯享受

了解：什么是税收优惠

税收优惠是指税法对某些纳税人和征税对象给予鼓励和照顾的一种特殊规定。常见的税收优惠类型如表 5-7 所示。

表 5-7　税收优惠

税收优惠的类型	概念	目的
减税	减税即依据税法规定减除纳税义务人一部分应纳税款	对某些纳税人进行帮扶或照顾，减轻其税收负担
免税	免税即对某些特殊纳税人免征某种（或某几种）税收的全部税款	鼓励某些行业或公共事业的发展（如农业、扶贫项目）

续表

税收优惠的类型	概念	目的
出口退税	出口退税是指按照国际惯例对企业已经出口的产品退还出口前各环节缴纳的国内流转税（主要是增值税和消费税）税款	扩大出口贸易，增强出口货物在国际市场上的竞争力
先征后退	指对按税法规定缴纳的税款，由税务机关征收入库后，再由税务机关或财政部门按规定的程序给予部分或全部退税或返还已纳税款，属退税范畴，也是一种特定方式的免税或减税规定	国家在特定条件下给予特定企业的支持和帮助，如出版中小学学生课本等出版物的企业
免征额	免征额即按一定标准从课税对象全部数额中扣除一定的数额，扣除部分不征税，只对超过标准的部分征税	减轻纳税人负担（如个人所得税的每月减除费用5 000元）
起征点	起征点即对征税对象开始征税的起点规定一定的数额。征税对象达到起征点的全额征税，未达到起征点的不征税	减轻小规模纳税人的税收负担，简化税务管理

讨论并分析：税收优惠对老百姓家庭的影响

案例一

王娜登录个人所得税App查询信息时发现，赡养老人的专项附加扣除标准由原来的每月2 000元提高至3 000元，2023年开始就可以按新标准办理个税申报。

案例二

张莲在一家超市工作，家里有两个孩子在上学，她上网查阅了个人所得税的新政策得知，子女教育的专项附加扣除标准由每个子女每月1 000元提高到2 000元。心里非常高兴，嘴里直说："又可以少交个税了"。

案例三

小黄的小孩刚出生，每月房贷、汽车加油、柴米油盐加上小孩的开销，日子过得紧巴巴的。2023年开始，国家为进一步减轻家庭生育养育和赡养老人的支出负担，3岁以下婴幼儿照护专项附加扣除标准也由每个婴幼儿每月1 000元提高到2 000元。他感慨地说，现在每月少交些个税，手头终于没那么紧了。

（1）请你分析，以上三个案例，有什么共同特征？

（2）税收优惠对老百姓家庭有何影响？

探索实践

制作

根据税收知识及税收优惠政策，与同学一起制作一个税收宣传手册，加强青少年对税收知识的了解。

宣传手册的内容可以包括但不限于：什么是税收？生活中常见的税收有哪些？纳税人的权利和义务分别是什么？减税降费税收优惠有哪些？

宣传

观看《税法基础与减税降费》宣传视频，在学校、社区发放自己制作的税收宣传手册，广泛宣传我国的税收知识、税收优惠政策，提高大家的纳税意识，做自觉守法纳税的好公民，做税法宣传员。

税法基础与减税降费

拓展活动

你知道如何合理避税吗？

案例：某高校的王教授业余时间在一家企业兼职做项目，项目完成后一次性取得劳务报酬 30 000 元整。个人所得税的计算方法有两种，一种是常规计税的算法，一种是合理避税的算法。

1. 常规计税的算法

一次性申报纳税，则：

应纳税所得额 = 30 000−30 000×20%=24 000（元）

应纳税额 = 24 000×20%×（1＋50%）−2 000=5 200（元）

2. 合理避税的算法

与企业协商，30 000 元的报酬分两个月支付两次，则每次支付的报酬为 15 000 元，那么每次应纳税所得额 =15 000−15 000×20%=12 000（元）

每次应纳税额 =12 000×20%=2 400（元），两次总计应纳税额为 4 800 元。与一次性申报纳税相比，节约了 400 元。

税务师评述：根据《中华人民共和国个人所得税法》，对劳务报酬所得征税以次数为标准。劳务报酬所得按收入减除 20% 费用后的余额为应纳税所得额，对劳务报酬所得，适用比例税率，税率为 20%，但对个人取得劳务报酬收入的应纳税所得额一次超过 20 000~50 000 元的部分，按照税法规定计算的税额，加征五成，超过 50 000 元的部分，加征十成。这样计算后再减去 2 000 的速算扣除数就是王教授的应纳税额。

可见，纳税人如能把一次收入分多次取得，将所得分摊，增加扣除次数，就能降低应纳税所得额，从而节省税收支出。

拓展阅读

《中华人民共和国税收征收管理法》、税收的故事。

总结评价

税法宣传人人有责，要从小树立纳税意识，从生活中感受税收收入给国家的繁荣富强、社会安定团结、人民安居乐业带来的好处。数字化时代，税收对人们的生活影响更大。通过智慧服务，我们可以最大限度地享受税收利国利民的福利，税收也通过多种形式融入我们的日常生活、贯穿我们成长与发展的各个阶段。

我的活动成果	
我获得的知识	
我受到的启发	
我的反思	

参考文献

[1] 课程教材研究生，思想课程政治研究开发中心．思想政治［M］．北京：人民教育出版社，2018．

[2] 侯骏．打造富有吸引力的"综合与实践"课——以《智慧购物》一课为例［J］．教育研究与评论：技术教育，2016，5：48-50．

[3] 黄永金．国民党政府的"币制改革"与财政经济的崩溃［J］．昆明师范学院学报（哲学社会科学版），1983，4：10-17．

[4] 顾海兵，李长治．中国经济安全年度报告［M］．北京：中国人民大学出版社，2019．

[5] 贾根良，国内大循环［M］．北京：中国人民大学出版社，2020．

[6] 蔡勤，李圆圆．直播营销［M］．（慕课版）3版．北京：人民邮电出版社，2024．

[7] 许耿．直播电商平台运营［M］．北京：人民邮电出版社，2023．

[8] 徐骏骅，赵建伟．直播营销与运营［M］．（微课版）2版．北京：人民邮电出版社，2023．

[9] 宋夕东．直播电商运营实务［M］．慕课版．北京：人民邮电出版社，2022．

[10] 张盈．直播电商基础与实务［M］．慕课版．北京：人民邮电出版社，2023．

[11] 吉林省人力资源和社会保障厅．直播销售员［M］．北京：中国劳动社会保障出版社，2021．

[12] 中央财经大学税收教育研究所，国家税收法律研究基地．初中税法知识读本［M］．2版．北京：中国财政经济出版社，2019．

[13] 于双，田茂慧，肖飒．纳税实务［M］．成都：电子科技大学出版社，2022．

[14] 财政部会计资格评价中心．经济法基础［M］．北京：经济科学出版社，2021．